Prix et fiscalité des produits pétroliers au Cameroun

Albert Léonard DIKOUME

Prix et fiscalité des produits pétroliers au Cameroun

Préface de

Henri-Désiré MODI KOKO BEBEY

L'Harmattan
Cameroun

Du même auteur

Cameroun, Congo, Gabon, Guinée Equatoriale, Tchad, RCA, Editions L'Harmattan, 2008, Préface de Bernard CASTAGNEDE.

Droit des Sociétés Commerciales au Cameroun, Editions SOPECAM Yaoundé, 1997, Préface de Stanislas MELONE.

5-7, rue de l'Ecole-Polytechnique, 75005 Paris

http://www.editions-harmattan.fr

ISBN : 978-2-343-16394-9
EAN : 9782343163949

PRÉFACE

Le contrôle des sources d'énergie est l'un des principaux enjeux de la bataille que se livrent depuis toujours les grandes puissances économiques du monde. Le pétrole est évidemment au cœur de toutes leurs stratégies, et parfois aussi, malheureusement, le mobile inavoué de bien de conflits armés. L'or noir est également pour les pays producteurs, grands et petits une arme efficace pour faire entendre leur voix dans le concert des nations. Il a permis un développement prodigieux de nombreux pays qui ont su exploiter cette ressource naturelle.

Parce que le pétrole assure la croissance, les fluctuations des cours du baril ne laissent indifférent aucun dirigeant sérieux, qu'il s'agisse de dirigeants d'entreprises ou de gouvernements. En effet, le prix du pétrole a une incidence directe sur les résultats des entreprises et sur les budgets des États, producteurs ou non.

Étudier cette incidence des prix, à travers la fiscalité des produits pétroliers au Cameroun, était le projet du docteur Albert Léonard DIKOUME, révélé dans le présent ouvrage.

L'auteur, cadre d'une société pétrolière, dispense depuis plusieurs années l'enseignement de fiscalité pétrolière dans le Master 2 professionnel de fiscalité, à la Faculté des Sciences Juridiques et Politiques de l'Université de Douala. Il allie ainsi une solide expertise professionnelle dans le domaine de la fiscalité pétrolière et des qualités de pédagogue. Ce qui se ressent dans son ouvrage.

Dans une démarche scientifique, le docteur Albert Léonard DIKOUME commence par présenter les mécanismes de formation des prix des produits pétroliers, en montrant que ces prix subissent le double effet des coûts de transformation et du poids de l'Impôt. Il développe ensuite une réflexion critique sur la politique fiscale camerounaise en matière d'imposition des produits pétroliers. Ce qui l'amène à considérer que la fiscalité des produits pétroliers est inadaptée, au regard des objectifs de développement à réaliser, et à proposer une orientation nouvelle qui permettrait d'optimiser les prix et le rendement de l'impôt.

L'identification des véritables obstacles à l'optimisation, les prises de position courageuses et la pertinence des analyses ne manqueront pas de séduire le lecteur, et sans doute aussi de susciter la critique et de nouveaux débats. Le docteur Albert Léonard DIKOUME, homme de science, n'a guère eu la prétention de clore le débat sur les prix de vente et la fiscalité des produits pétroliers. Son ouvrage restera cependant une contribution majeure.

Henri-Désiré MODI KOKO BEBEY

Professeur agrégé des Facultés Françaises de Droit

Doyen de la FSJP de l'Université de Douala

AVANT-PROPOS

La question du pétrole comme source d'énergie et outil de développement pour un pays comme le Cameroun a été et est désormais une préoccupation, non seulement pour les populations qui y voient une source de richesse qui pourrait apporter quelque chose de plus à leur quotidien, mais davantage pour le gouvernement qui y trouverait une autonomie de gouvernance économique. Dans un contexte national à économie de dépendance où la plupart des grandes entreprises comme la SONARA[1] sont sous tutelle, non pas de l'État uniquement, mais aussi des institutions internationales (FMI par exemple) dont l'avis et les mesures peuvent avoir un impact fort sur l'évolution desdites entreprises, il nous a semblé nécessaire de réfléchir sur l'avenir de ces sociétés qui aurait pu être d'un apport considérable pour l'économie nationale.

Pour rentrer dans le vif du sujet et comprendre l'urgence de notre démarche, il faut dire que la SONARA se retrouve à un moment donné de l'histoire où on peut considérer qu'elle n'existe pas d'un point de vue juridique parce ce qu'économiquement, il lui est difficile de tenir ou de survivre. Nous notons que la structure des prix qui est appliquée entre la sortie des produits de la raffinerie et celle des distributeurs manque de loyauté et c'est pour cette raison qu'il est difficile pour cette entreprise de raffinage d'exister. C'est pour cette raison que nous avons pensé, contrairement à ce que les démarches officielles sous certaines influences veulent faire croire, qu'une réflexion

[1] Société nationale de raffinerie.

sur la structure des prix, encadrée pas des décrets et arrêtés du gouvernement permettraient de sauver cette économie prometteuse. Il faut que chaque poste de la structure des prix soit juridiquement encadré pour que ces sociétés pétrolières deviennent de vrais leviers pour notre économie.

Pour être plus pratique dans notre argumentaire, rappelons qu'après transformation du pétrole brut, on obtient les produits finis suivants, du plus léger au plus lourd : le Butane, le Super, le Kérosène, le Gazole, le Distillat, le Fuel Oil léger (1500) et le fuel Oil lourd (3500). Le Butane, encore appelé Gaz de Pétrole Liquéfié (GPL), est essentiellement destiné aux ménages. Suivant sa destination, le Kérosène devient le Pétrole lampant (destiné aux ménages et à certains industriels) ou le Jet A1 (destiné à l'aviation comme carburant). Le Super et le Gazole sont des carburants automobiles, et constituent généralement l'essentiel de la demande nationale et régionale. Les Fuel Oil sont des résidus du raffinage, encore appelés fonds de colonne. Leur prix de vente est imposé par le marché et se situe en dessous du prix d'achat du pétrole brut. L'un d'entre eux, le Fuel Oil lourd, est transformé en Distillat suivant un processus de distillation spécifique, généralement la distillation sous vide. Le Distillat est ainsi un résidu amélioré dont le prix de vente est également inférieur au prix d'achat du pétrole brut. Il sert de matière première aux unités d'hydrocraquage dont sont équipées les raffineries complexes, pour se transformer en produits nobles que sont le Super, le Kérosène et le gazole.

Les produits pétroliers les plus connus du public sont ainsi le Super et le Gazole, et dans une moindre mesure le Butane et le Pétrole lampant. Leurs prix sont, à tort ou à raison, régulièrement remis en cause. Certains voudraient y voir une relation directe avec la situation de l'État comme pays producteur de pétrole brut, avec l'avantage supposé d'avoir des prix bas pour ces produits. Pour d'autres encore, ces prix ne reflètent pas la réalité et devraient être relevés en relation avec les cours internationaux. C'est ainsi que des décisions malheureuses ont souvent été prises dans ce secteur, pénalisant par ricochet l'économie nationale, directement ou indirectement.

Cette situation découle d'une méconnaissance du processus de formation des prix de vente des produits pétroliers, dont il convient de reconnaître la complexité. De plus, comme toute activité industrielle et commerciale, les produits pétroliers sont soumis à une fiscalisation. Cette fiscalisation a pour assiette tantôt le prix de vente ou d'achat, tantôt la quantité vendue. Elle également varie suivant le produit, son origine ou sa destination.

Il nous semble dès lors difficile d'aborder les prix de vente des produits pétroliers sans la fiscalité originale qui y est rattachée. De même, il nous paraît impossible de parler de fiscalité des produits pétroliers sans aborder au préalable leurs prix de vente. Ces deux notions sont liées, ce qui justifie le titre de l'ouvrage « *Prix de vente et fiscalité des produits pétroliers au Cameroun* ».

Le Docteur Albert Léonard DIKOUME qui est un pluridisciplinaire, théoricien et praticien de la Fiscalité, y met tout son savoir-faire et toutes ses compétences pour rendre la matière digeste et à la portée de tous.

Les opinions exprimées sont personnelles à l'auteur et n'engagent pas les institutions pour lesquelles il a travaillé.

« La perfection est atteinte, non pas lorsqu'il n'y a plus rien à ajouter, mais lorsqu'il n'y a plus rien à retirer ».

Antoine de Saint-Exupéry

SOMMAIRE

TABLE DES PRINCIPALES ABRÉVIATIONS

Art.	Article
AE	Ajustement Économique
AFPI	African Petroleum Institute
APE	Accord de Partenariat Économique
ARA	Association des Raffineurs Africains
B/L	Bill of Lading
Bbl	Barils
CA	Coefficient d'Ajustement
CAC	Centimes Additionnels Communaux
CD	Code des Douanes
CDA	Commissionnaire en Douane Agréé
CEEAC	Communauté Économique des États de l'Afrique Centrale
CEMAC	Communauté Économique et Monétaire de l'Afrique Centrale
CGI	Code général des Impôts
CIF	Cost, Insurance, Freight (Coût, Assurance, Fret)
CIME	Centre des Impôts des Moyennes Entreprises
CM	Correctif Mensuel

CSPH	Caisse de Stabilisation des Prix des Hydrocarbures
DGD	Direction Générale des Douanes
DD	Droits de Douane
DFS	Division des Fiscalités Spécifiques
DGI	Direction Générale des Impôts
DGE	Direction des Grandes Entreprises (à la DGI)
DSF	Déclaration Statistique et Fiscale
FOB	Free On Bord, par opposition à CIF
FR	Fonds Routier
FCFA/L	Franc CFA par litre
FS	Facteur Spread
GPC	Groupement des Pétroliers Camerounais
GPL	Gaz de Pétrole Liquéfié
GPP	Groupement des Professionnels du Pétrole
HAD	Honoraires d'Agréé en Douane
L/F	Loi de Finances
LIBOR	London Inter Bank Offered Rate
MAG	Manque A Gagner
MARKETERS	Compagnies distributrices des produits pétroliers
MB	Marge Brute
MFCFA	Millions de Francs CFA

M I	Marché Intérieur
MINFI	Ministère des Finances
MINEE	Ministère de l'Eau et de l'Énergie
MN	Marge Nette
NPA	Nigerian Port Autority
SCDP	Société Camerounaise des Dépôts Pétroliers
SDDS	Sous-Direction des Droits Spécifiques (Douane)
SNH	Société Nationale des Hydrocarbures
SONARA	Société Nationale de Raffinage
SYDONIA	Système Douanier Automatisé
TA	Température Ambiante
TEC	Tarif Extérieur Commun
TM	Tonne Métrique
TP	Trésor public
TPG	Tarif Préférentiel Généralisé
TSPP	Taxe Spéciale sur les Produits Pétroliers
TVA	Taxe sur la Valeur ajoutée
UDEAC	Union Douanière et Économique de l'Afrique Centrale
USD/US $	Dollar des États-Unis d'Amérique
WS	World Scale

INTRODUCTION GÉNÉRALE

1.- Dans une économie libérale, les notions de prix et de fiscalité s'appliquent à l'ensemble des productions ayant une destination à la commercialisation. Mais on peut se rendre compte que les prix et la fiscalité des produits pétroliers sont spécifiques. Ces prix sont fixés suivant les règles ci-après :

1°- Pour les entreprises commerciales :

Prix de vente = Coût d'achat des marchandises (prix d'achat + frais accessoires d'achat justifiés) + Frais de distribution justifiés + Marge Nette (ou bénéfice) + Taxes (pour les prix toutes taxes comprises).

2°- Pour les entreprises industrielles et commerciales :

Prix de vente = Coût d'achat des matières premières (prix d'achat des matières + frais accessoires d'achat justifiés) + Frais de production justifiés + Frais de distribution justifiés + Marge Nette (ou bénéfice)[2] + Taxes (pour les prix toutes taxes comprises).

2.- Mais en ce qui concerne les produits pétroliers, il est rare que ces équations soient respectées. La procédure est parfois beaucoup plus complexe comme nous le verrons plus loin[3].

3.- Quant à la fiscalité, elle est dite spécifique lorsqu'elle déroge au droit commun sur un certain nombre de points de vue : exercice de l'activité, structures chargées de la gestion des mécanismes fiscaux, sources juridiques, éléments d'imposition.

4.- Au niveau de l'exercice de l'activité, les entreprises ne fixent pas librement leur objet social comme dans toute activité industrielle et commerciale. Les hydrocarbures, les

---

[2] V. infra, n° 108 ss.

[3] V. infra, n° 78 ss.

forêts, les mines, appartiennent en général à l'État qui, à ce titre, doit préalablement délivrer des autorisations à toute personne désireuse d'exercer dans l'un de ces domaines. La vente des produits pétroliers quant à elle est soumise à un agrément préalable.

5.- S'agissant des structures chargées de la gestion des mécanismes fiscaux, on distingue couramment deux interlocuteurs fiscaux selon qu'on se trouve à la porte ou à l'intérieur. À la porte, ce sont les Bureaux Principaux des Douanes qui sont chargés de gérer les impôts et taxes du cordon douanier. Une fois le cordon douanier franchi, la gestion des impôts et taxes relève de la compétence des Centres Divisionnaires des Impôts (CDI) ou des centres spécialisés tels la Direction des Grandes Entreprises (DGE), Centre des Impôts des Moyennes Entreprises (CIME), etc. Or, dans les activités pétrolières, forestières, minières, on retrouve des interlocuteurs d'un autre genre. Les deux premières cités interviennent rarement. Ils sont remplacés par des structures particulières de la Direction Générale des Impôts et de celle des Douanes. Cette compétence est en outre partagée avec les ministères en charge de ces activités.

6.- En ce qui concerne les éléments d'imposition, on relève une cohabitation des impositions issues du droit commun avec une application particulière et des prélèvements spécifiques aux activités. En effet, l'activité pétrolière génère d'importantes ressources financières qui ne peuvent laisser l'État indifférent. Celui-ci y intervient notamment à travers une fiscalisation particulière. Mais l'activité pétrolière, comme il est apparu ci-dessus, se scinde généralement en deux secteurs :

1°- Le secteur amont, celui de la recherche, de l'exploration et de la production de pétrole brut[4] ;

2°- Le secteur aval, celui du raffinage des hydrocarbures, du stockage, du transport, de la distribution, des importations, des exportations et du contrôle des produits pétroliers[5].

7.- L'interventionnisme de l'État varie par conséquent en fonction du secteur considéré. En amont, l'État intervient à travers deux types de contrats : le contrat de concession et le contrat de partage de production[6]. Mais ces contrats peuvent être précédés de diverses autorisations. On distingue les autorisations de prospection, de recherche ; l'autorisation provisoire d'exploiter ; l'autorisation d'exploiter et l'autorisation de transport intérieur. Le titulaire de chacun de ces types de contrats est soumis au paiement des impôts, taxes et redevances prévus par les articles 90 ss du code pétrolier ou par les conventions d'établissement : droits fixes, redevance superficiaire annuelle, redevance proportionnelle à la production, impôt sur les sociétés, bonus de signature, prélèvement pétrolier additionnel[7].

8.- Dans le secteur aval, celui des produits pétroliers, objet de notre étude, on peut distinguer deux sous-secteurs, celui de l'industrie pétrolière et celui de la distribution. L'interventionnisme de l'État y est tantôt original, tantôt

---

[4] Ce regroupement découle de l'article 2 de la loi n° 99/013 du 22 décembre 1999 portant code pétrolier.

[5] Décret 2000/935/PM du 13 novembre 2000 fixant les conditions d'exercice des activités du secteur pétrolier aval, article 1er al. 2.

[6] Il s'agit de deux formules nouvelles, qui succèdent à la Convention d'Établissement, néanmoins encore en vigueur, compte tenu des clauses de stabilité fiscale qui y sont contenues.

[7] V. Dikoume (A. L.), *La fiscalité pétrolière des États membres de la CEMAC*, éditions L'Harmattan, Paris, 2008.

inspiré du droit commun. L'industrie pétrolière est soumise depuis 1928[8] à la surveillance des services de la Direction des Douanes. Les raffineries dans lesquelles est traité le pétrole brut et les entrepôts dans lesquels sont stockés les produits pétroliers[9] sont soumis au régime de l'exercice ou de l'entrepôt. Les produits qui sont livrés à la consommation à la sortie des raffineries ou des dépôts sont considérés comme importés et soumis par les services des douanes, aux droits et taxes dont la perception incombe à cette administration.

9.- Pour tenir compte des conditions particulières qui régissent ces activités, un système de suspension de taxe diffère jusqu'à la mise à la consommation, l'exigibilité de la Taxe sur la Valeur ajoutée ou de la Taxe Spéciale sur les Produits Pétroliers afférente à certaines opérations limitativement énumérées. Après la mise à la consommation, les opérations commerciales dont ces produits font l'objet relèvent de la compétence de la Direction Générale des Impôts. Elles sont en théorie soumises aux règles de droit commun. Il en découle ainsi un rôle directeur que doivent jouer les administrations fiscales (section 1). Mais le secteur aval fait appel à de nombreux autres acteurs, dont l'interventionnisme est

---

[8] Loi française du 16 mars 1928 relative à la protection du raffinage.

[9] L'article 1 al. 2 du décret 2000/935 ne donne qu'une définition énumérative des produits pétroliers. Il cite les carburants automobiles, les carburants aviation, les soutes maritimes, le pétrole lampant, le gaz domestique et le fuel-oil Il convient de préciser que :

- les carburants automobiles sont constitués d'essence super et de gasoil,
- les carburants aviation sont constitués de kérosène encore appelé jet A1 ou carburéacteur
- les soutes maritimes sont constituées de gasoil ou de fuel-oil livré aux navires.

remarquable dans la fixation des prix et la gestion des impôts des produits pétroliers (section 2).

Section 1 : Le rôle directeur des administrations fiscales

10.- Le Ministère des Finances (MINFI) est la super structure en charge des impôts en général, principales ressources du budget de l'État. À cet effet, elle s'est dotée d'instruments organiques adéquats chargés de la collecte desdites ressources. Il s'agit de la Direction Générale des Impôts (§ 1) d'une part, et de la Direction Générale des Douanes (§ 2) d'autre part.

§ 1 – La Direction Générale des Impôts

11.- Avec la mise en œuvre du processus de modernisation du système fiscal, la Direction Générale des Impôts est la cheville ouvrière du MINFI. Depuis le décret n° 2013/066 du 28 février 2013, elle comprend[10] :

- le Service d'Ordre ;
- l'Inspection des Services des Impôts ;
- la Cellule de l'Information et de la Communication ;
- la Division des Études, de la Planification et des Réformes Fiscales ;
- la Division Informatique ;
- la Division des Enquêtes, de la Programmation et du Suivi du Contrôle Fiscal ;
- la Division des Statistiques, des Simulations et de l'Immatriculation ;
- la Division de la Législation et des Relations Fiscales Internationales ;

---

[10] Décret n° 2013/066 du 28 février 2013 portant organisation du Ministère des Finances, art. 131 (2).

- la Division du Contentieux ;
- la Direction du recouvrement, des Valeurs Fiscales et de la Curatelle ;
- la Direction des Affaires Générales
- la Direction des Grandes Entreprises.

12.- C'est cette dernière Direction qui nous intéressera ici. Elle est chargée, pour les entreprises relevant de sa compétence :

- de la gestion de l'assiette et de la liquidation des droits ;
- du contrôle et du contentieux ;
- de l'encaissement et du recouvrement de tous les droits et taxes dus par les entreprises relevant de sa compétence (notamment les entreprises du secteur pétrolier tant amont qu'aval).

13.- Pour remplir ses missions, cette Direction est elle-même structurée en services, cellules, département comme suit :

- le Service du Courrier et des archives ;
- le Service de l'Information des Entreprises ;
- la Cellule de l'Informatique et des Statistiques ;
- la Cellule du Contentieux ;
- la Recette des Impôts ;
- les Cellules de Gestion et du Suivi ;
- la Brigade de Vérification des Grandes Entreprises.

14.- Ici, ce sont les Cellules de Gestion et du Suivi, placées sous l'autorité d'un Coordinateur, qui sont chargées :

- de la localisation et de l'immatriculation des contribuables ;

- de la création et de la tenue des dossiers ;
- du suivi des comptes des contribuables ;
- de la correspondance avec les contribuables ;
- du suivi des défaillants ;
- du contrôle sur pièces des dossiers ;
- des opérations de liquidation de l'impôt ;
- de l'émission des avis de mise en recouvrement consécutifs à des opérations de contrôle ;
- du suivi des indicateurs de performance ;
- de la tenue des statistiques.

Pour mener à bien ces activités, les Cellules de Gestion et du Suivi sont au nombre de cinq : la Cellule de Gestion du Secteur des Industries ; la Cellule de Gestion du Secteur du Commerce général ; la Cellule de Gestion du Secteur des Banques, des Assurances et des Technologies de l'Information et de la Communication ; la Cellule de Gestion du Secteur des Services ; et la Cellule de Gestion du Secteur de la Forêt, de l'Eau et du Pétrole, dont l'intérêt (A) et le domaine d'intervention (B) nous intéressent au premier plan.

A – L'intérêt de la Cellule de Gestion du Secteur de la Forêt, de l'Eau et du Pétrole

15.- Avant 1998, on notait un éparpillement de la gestion des taxes pétrolières, une pléthore d'administrations en revendiquant la légitimité[11]. À la Direction Générale des Impôts elle-même, le suivi de la fiscalité pétrolière relevait d'un chargé d'études assisté d'un inspecteur.

16.- Au fur et à mesure que les missions de l'Administration Fiscale se développaient, l'idée de créer une structure formelle en charge des questions pétrolières

---

[11] MINEE, Direction Générale des Douanes, DGI, SNH…

n'a cessé de germer. Le décret 98/217 avait institué une Cellule Pétrolière et Minière. Le décret 2008/365 a mis en place l'Unité de Gestion du Secteur de la Forêt, de l'Eau et du Pétrole, qui reprend en quelque sorte les activités de l'ancienne Cellule Pétrolière et Minière. Ces activités ont été reprises en 2013 par le décret n° 2013/066 du 28 février 2013, et regroupées au sein de la Cellule de Gestion du Secteur de la Forêt, de l'Eau et du Pétrole. Elle comprend outre le Chef de Cellule, six Inspecteurs Gestionnaires assistés de six Contrôleurs Gestionnaires. Cette Cellule a le statut d'interlocuteur fiscal unique dans le secteur de compétence qui est le sien.

B – Le domaine d'intervention de la Cellule de Gestion du Secteur de la Forêt, de l'Eau et du Pétrole

17.- Dans le domaine des produits pétroliers, la Cellule de Gestion du Secteur de la Forêt, de l'Eau et du Pétrole est chargée :

1 - Au niveau de la TSPP

- De la surveillance des redevables de la taxe et de leur suivi ;
- De la vérification de l'effectivité des quotas des exonérations et des coulages ;
- Du contrôle de concordance entre les quantités enlevées et les montants de TSPP versés ;
- Du contrôle de facturation de la TSPP par les compagnies distributives à leurs clients.

2 - Au niveau de la TVA

- Du contrôle, du suivi, de la relance et de la sanction des opérateurs du secteur aval pétrolier ;
- De la vérification et de la validation des crédits.

18.- Mais en matière de produits pétroliers, la Direction Générale des Impôts n'est pas seule à percevoir les droits et taxes destinés au Trésor public. La Direction Générale des Douanes y est également impliquée.

§ 2 – La Direction Générale des Douanes

19.- Par exception à l'organisation du MINFI, la Direction Générale des Douanes était basée à Douala, où se déroulait l'essentiel de l'activité portuaire du Cameroun. Elle a par la suite été ramenée à Yaoundé. La Direction Générale des Douanes est chargée de percevoir des taxes aux portes du pays sur tous les produits non exonérés et non exemptés.

20.- Son organisation actuelle découle également du décret n° 2013/066 du 28 février 2013. C'est ainsi qu'elle comprend :

- le Service d'Ordre ;
- l'Inspection des Services des Douanes ;
- la Caisse Centrale du Contentieux Douanier ;
- la Cellule de Gestion des Risques ;
- la Cellule de l'information et de la Communication ;
- le Groupement Spécial d'Intervention Douanière ;
- le Centre d'Instruction Douanière ;
- la Division des Études, de la Facilitation des Échanges et de la Gestion des Risques ;
- la Division du Contrôle des Opérations Financières du Commerce Extérieur et des Changes ;
- la Division de la Législation et du Contentieux ;
- la Division de la Coopération Internationale et des Bases de Taxation ;
- la Division des Enquêtes Douanières et de la Surveillance ;

- la Division de l'Informatique ;
- la Division du Recouvrement et des Statistiques ;
- la Direction des Ressources et de la Logistique.

21.- La Direction Générale des Douanes comprend également des représentations régionales, que sont les Secteurs ; ils se subdivisent en Bureaux Principaux. Les principaux secteurs impliqués dans l'activité des produits pétroliers sont ceux du Sud-Ouest (notamment le Bureau Principal des Douanes Hors Classe de Cap Limboh) et du Littoral.

Section 2 : l'interventionnisme des partenaires dans la gestion des prix et des impôts

22.- Les enjeux commerciaux, sociaux et fiscaux du secteur pétrolier aval sont d'une importance certaine. Ils engendrent l'interventionnisme de certains partenaires que nous nous proposons d'identifier (§ 2), avant d'en apprécier le rôle (§ 3). Mais avant cela, il convient de présenter les acteurs de la production et du stockage des produits pétroliers (§ 1).

§ 1 – Les acteurs de la production et du stockage des produits pétroliers

23.- La SONARA (A) et la SCDP (B) sont des structures chargées de la production, du stockage et de la collecte de certains impôts spécifiques du secteur pétrolier aval.

A – La Société Nationale de Raffinage (SO.NA.RA.)

1 – Présentation

24.- La Société Nationale de Raffinage (SONARA) est une société d'économie mixte d'intérêt national créée par Décret n° 73-135 du 24 mars 1973. Elle était titulaire d'une convention d'établissement dont la signature a été autorisée par la loi n° 76-29 du 14 décembre 1976. Cette convention, modifiée à tort une première fois après la réforme fiscalo-douanière de 1994, est arrivée à échéance en 2005 et n'a pas encore été renouvelée. Cependant, ses dispositions fiscales et douanières sont toujours d'actualité.

25.- Les travaux de construction ont débuté en octobre 1978 et les réceptions des installations ont été prononcées de septembre 1980 à avril 1981 pour les équipements sociaux, le 20 octobre 1980 pour les installations maritimes et en avril 1981 pour la raffinerie. Le complexe de raffinage de la SONARA a été inauguré le 16 mai 1981 à Cap-Limboh dans la province du Sud-ouest. Les installations, mises en service début 1981, comprenaient une raffinerie d'une capacité de traitement de 1,4 million de tonnes par an de pétrole brut, des installations offshore et des équipements sociaux.

26.- La raffinerie, du type *hydroskimming*, traitait exclusivement le pétrole brut camerounais fourni par la SNH à un prix stabilisé. Depuis la libéralisation, il en va autrement ; les prix sont soumis aux fluctuations des cours mondiaux, et le pétrole brut peut être acheté auprès de tout fournisseur. En 2004, la capacité de traitement a été portée à 2,1 millions de tonnes par an de pétrole brut. Elle a atteint 2,2 millions de tonnes par an en 2010. Elle devait atteindre 3,5 à 4,0 millions de tonnes en 2015, suite aux travaux d'extension et de modernisation qui y ont débuté en 2009 (phase I). Cette première phase n'est pas encore achevée en septembre 2018. La deuxième phase de ce projet, conditionnée par la réalisation de la première, devrait permettre l'installation d'un hydrocraqueur et faciliter ainsi le raffinage des bruts lourds moins coûteux à l'achat et en transport.

27.- La production porte sur le butane, l'essence super, le kérosène (pétrole lampant, ou jet A1 selon la destination), le gasoil, le fuel-oil (1500 et 3500) et le distillat. Les produits finis sont expédiés vers Douala par caboteur[12] et par camions-citernes vers d'autres localités. Le mode d'expédition des produits pétroliers a été réaménagé avec le nouveau régime applicable au raffinage de pétrole brut et aux produits pétroliers, institué par la Loi de Finances pour l'exercice 2018[13].

2 – Les prérogatives fiscales dévolues à la SONARA

28.- LA SONARA est le redevable légal du droit de Douane, de la TSPP et de la TVA calculés sur les produits pétroliers. En matière de droits de douane, la SONARA collectait les droits à 10 % sur l'essence super, le gasoil et le butane[14]. Cette disposition concerne tant les produits taxables vendus au Cameroun que ceux vendus dans la CEMAC. Les exportations hors CEMAC sont exonérées des droits de douane. Les droits ainsi recouvrés sont reversés au Receveur des Finances compétent.

29.- S'agissant de la TSPP, la SONARA était chargée de collecter la taxe sur les livraisons ne transitant pas par la SCDP. Elle en fait autant de la taxe due sur son autoconsommation des produits taxables. La taxe ainsi collectée est reversée auprès du receveur des impôts compétent pour le compte du Trésor public et du Fonds Routier. Ce mécanisme a connu de nombreuses évolutions, dont la dernière contenue dans la Loi de Finances pour l'exercice 2017[15].

30.- Quant à la TVA, la SONARA est engagée à plus d'un titre. D'abord, elle collecte la TVA sur ses ventes de produits taxables (y compris l'auto consommation). De même, elle collecte la TVA sur le cabotage[16]. Ensuite, elle

---

[12] V. infra, n° 116.
[13] V. infra, n° 181 s.
[14] V. infra, n° 147 ss.
[15] V. infra, n° 206 ss.
[16] V. infra, n° 116.

retient à la source la TVA que lui facturent ses fournisseurs basés à l'étranger. La TVA facturée par les fournisseurs pouvant être déductible, elle la soustrait au prorata, le cas échéant, de la totalité de la TVA collectée. C'est le solde ainsi obtenu qui était reversé au receveur des impôts (pour le principal) et au Directeur des impôts (pour les Centimes Additionnels Communaux). Ce mécanisme a également connu de nombreuses évolutions.

31.- La SONARA collecte en outre quelques-unes des ressources parafiscales de la CSPH, qu'elle lui reverse directement : péréquation fuel, stabilisation à l'importation.

B – La Société Camerounaise des Dépôts Pétroliers (S.C.D.P.)

1 – Présentation et rôle

32.- La Société Camerounaise de Dépôts Pétroliers (SCDP) est une société à participation publique constituée entre l'État et les principales compagnies de distribution à la suite du décret n° 77/528 du 23 décembre 1977 portant réglementation du stockage et de la distribution des produits pétroliers. Ce texte a été modifié par le décret n° 92/304/PM du 18 février 1992 et par le décret n° 95/135 du 3 mars 1995. La SCDP dispose actuellement de plusieurs centres d'entreposage disséminés à l'intérieur du pays : Douala, Yaoundé, Bafoussam, Belabo, Garoua, Maroua.

33.- Son rôle est d'assurer le stockage des produits finis et la gestion des principaux dépôts existants qui sont utilisés par des compagnies moyennant paiement d'un droit ou redevance de « passage »[17]. Mais la SCDP doit également surveiller les stocks enlevés par les *Marketers* qui sont la base de facturation et de prélèvement des divers impôts et taxes. Dans ses attributions de souveraineté, elle se charge

---

[17] V. infra, n° 118 ss.

des stocks stratégiques de la République au même titre que la Société Nationale des Hydrocarbures (SNH).

2– La SCDP et le fisc

34.- Centralisatrice du stockage de tous les produits pétroliers mis à la consommation au Cameroun, la SCDP est mieux placée pour connaître les quantités effectivement mises à la consommation mensuellement par chaque *Marketer* et par produit. La SCDP était le principal redevable légal de la TSPP, puis dans une moindre mesure, de la TVA.

35.- Comme redevable légal de la TSPP, la SCDP évaluait les enlèvements mensuels des produits pétroliers taxables par *Marketers*, puis collectait la taxe due. Les compagnies distributrices avaient jusqu'au 10 du mois suivant celui des enlèvements pour faire leurs observations et payer. Aujourd'hui, ce rôle se limite à publier mensuellement l'état récapitulatif des quantités de produits pétroliers mis à la consommation par *Marketer*. C'est cet état[18] qui sert de base à la déclaration mensuelle des 80 % de la TSPP collectée par l'Administration fiscale[19]. En effet, la Loi de Finances pour l'exercice 2017 a modifié les modalités de recouvrement de la TSPP[20].

36.- En sa qualité de redevable légal de la TVA enfin, la SCDP procède à des retenues à la source de la TVA qui lui est facturée par ses fournisseurs. De l'autre côté, elle collecte la TVA facturée sur la redevance de passage, ou TVA sur passage dépôt. Ce montant est diminué de la TVA

---

[18] Jadis appelé état de mise à la consommation des produits pétroliers, il prend aujourd'hui, au sein de l'Administration, l'appellation de « base taxable de la TSPP ».

[19] Les autres 20 % proviennent des enlèvements par camions faits au Poste de Chargement des Camions Citernes (PCCC) de la SONARA et de l'autoconsommation.

[20] V. infra, n° 238.

déductible supportée sur ses achats avant d'être reversé au receveur des impôts.

§ 2 – Identification des autres partenaires

37.- Il s'agit principalement de la Caisse de Stabilisation des Prix des Hydrocarbures (A), du Fonds Routier (B) et du Groupement des Professionnels du Pétrole (C).

A – La Caisse de Stabilisation des Prix des Hydrocarbures (C.S.P.H.)

38.- La Caisse de Stabilisation des Prix des Hydrocarbures (CSPH) a été créée par Décret n° 74/458 du 10 mai 1974 ; elle n'était alors qu'un simple service administratif. Depuis 1998, elle joue pleinement le rôle de société à capital public[21]. Son but est d'assurer la régulation des prix des hydrocarbures, tant à l'importation qu'à l'exportation et sur le marché local.

39.- Cette caisse est alimentée par des ressources parafiscales et notamment :

- Une dotation initiale correspondante aux plus-values sur stocks de carburants détenus au 1er février 1974 par les sociétés pétrolières et les gérants de stations-service.
- Des prélèvements autres que les droits fiscaux, opérés sur les hydrocarbures distribués sur le territoire national ou expatrié (péréquation prix, péréquation transport, stabilisation à l'importation, fonds de lutte contre la fraude…). Le montant de ces prélèvements est fixé par voie réglementaire.

---

[21] Pour plus de précisions sur les sociétés, voir DIKOUME (A. L.) in *Droit des sociétés commerciales au Cameroun* éd. SOPECAM, Yaoundé, 1997, n° 547 ss

- Les plus-values sur stocks existants dans les dépôts pétroliers et les stations-service lors de tout relèvement du prix des hydrocarbures.
- Les plus-values réalisées par les sociétés pétrolières à la suite de toute baisse du prix des hydrocarbures par rapport aux prix fixés par la structure précédemment arrêtée.
- Les contributions, ristournes et redevances publiques ou privées dont le bénéfice lui serait attribué.
- Les frais d'étude de dossiers sont également versés auprès de la CSPH par les entreprises désireuses d'obtenir un agrément à l'exercice de l'une des activités du secteur pétrolier aval[22].

40.- La Caisse de Stabilisation des Prix des Hydrocarbures a la responsabilité de préparer les prix publics administrés. C'est donc elle qui homologue les prix de vente des produits pétroliers non libéralisés[23] à travers les structures de prix vérifiées, authentifiées, signées et diffusées par son Directeur général. La structure des prix intègre à la fois le prix d'achat des produits de la SONARA, divers frais (dépôts, frais généraux et financiers, transport, amortissements, etc.), la TVA afférente aux achats et frais, la TSPP, un montant à affecter à la caisse de péréquation ainsi qu'un taux de marge. Ces éléments déterminent le prix de vente des grossistes que sont les diverses compagnies de distribution pétrolière ainsi que la SCDP.

41.- Sur ce prix de gros s'applique une marge du détaillant (pompiste) pour la détermination du prix de vente au détail. Les tarifs ainsi fixés sont exhaustifs, puisque les

[22] Décret n° 2000/935 précité, art. 29.

[23] L'arrêté n° 78/MINEFI/CSPH du 4 juillet 1995 a porté libéralisation des prix des bitumes, cut-backs et du fuel-oil 180.

produits pétroliers, non visés par ceux-ci ne sont pas concernés par la procédure d'homologation des prix.

42.- Le nouveau régime applicable au raffinage de pétrole brut et aux produits pétroliers, institué par la Loi de Finances pour l'exercice 2018 instruit la CSPH de tenir compte de ce nouvel encadrement du régime juridique dans l'établissement de la structure des prix. Le problème pratique que certains y voyaient déjà était de savoir à quel niveau seront positionnés les droits de douane et la TVA. Finalement, tel qu'on peut le voir à travers les structures de prix des produits pétroliers depuis février 2018, la CSPH a décidé à tort d'éclater la TVA en « TVA sur Droits de Douane » et « TVA normale », puis de positionner la « TVA sur Droits de Douane » et les Droits de douane dans la partie libéralisée de la structure des prix[24].

B - Le Fonds Routier (FR)

43.- Le FONDS ROUTIER, est un Établissement Public Administratif (EPA) jouissant d'une autonomie financière et de gestion, sous la tutelle du ministre des Finances. Il est créé par la loi n° 96/07 du 8 avril 1996 portant protection du patrimoine national et est régi par le décret n°98/162 du 26 août 1998 qui en fixe les modalités de fonctionnement. Ces modalités ainsi que son organisation ont été revues par le décret n°2005/239 du 24 juin 2005 ; elles ont été modifiées et complétées par le décret n°2012/173 du 29 mars 2012. Un rôle important lui est dévolu : la sécurisation des recettes de la TSPP et le financement des travaux routiers auxquels étaient affectées 73 % des recettes globales de la TSPP collectée sur l'étendue du territoire de la République du Cameroun. Mais en général, la Loi de Finances fixe pour chaque exercice le plafond de ces

---

[24] V. infra, n° 138 ss.

recettes destinées au Fonds Routier au titre de la Redevance d'Usage de la Route (RUR). Depuis la Loi de Finances pour l'exercice 2018[25], ce plafond couvre outre le montant à prélever sur la TSPP au titre de la RUR, la taxe à l'essieu, les recettes du péage et de pesage. Depuis la Loi de Finances pour l'exercice 2015, ce plafond est fixé à 60 000 000 000 FCFA. La contribution de la TSPP y est par conséquent en diminution.

C – Le Groupement des Professionnels du Pétrole (G.P.P.), le Groupement des Pétroliers Camerounais (GPC) et les autres

44.- Le Groupement des Professionnels du Pétrole (G.P.P.) est une sorte d'association en participation ostensible[26]. Il est formé par TRADEX et les *Marketers* étrangers opérant au Cameroun : TOTAL, MOBIL (remplacé par OILYBIA, TEXACO (remplacé par CORLAY MRS), SHELL (remplacé par Chevron TEXACO puis par CORLAY MRS). La Présidence et le Secrétariat sont tournants, et assurés simultanément par le même *Marketers*. Ce groupement a été constitué pour permettre aux *Marketers* précités de parler au même nom devant l'État, en cas de problème technique de livraison ou dans le cadre des relations avec l'administration fiscale. Mais ce groupement se forme ou s'éclate au gré des intérêts de ses membres. C'est ainsi qu'il éclate lorsqu'un problème personnel du genre redressement fiscal frappe l'un de ses membres. Il renaît lorsqu'il s'agit de parler de conditions de règlement par exemple. Ceci explique qu'il soit remis en cause par certaines autorités de l'État. Il est appelé à s'éclater définitivement avec la libéralisation.

---

[25] Loi de Finances pour l'exercice 2018, article trentième.

[26] Il s'agit d'un rapprochement avec la société en participation telle que développée dans *Droit des Sociétés Commerciales au Cameroun* de DIKOUME (A. L.), éd. SOPECAM, Yaoundé, 1997, n° 170 ss.

45.- Les autres *Marketers* camerounais étaient réunis au sein du Groupement des Pétroliers Camerounais (GPC). On y retrouvait de manière non exhaustive PETROLEX, DELTA PETROLEUM, CAMOCCO, CMI Oil, BOCOM PETROLEUM, SOTRADHY, SOCAEPE, STCG, AZA AFRIGAZ, SCTM, KOSAN CRISPLANT,... Aujourd'hui, le GPC a éclaté en plusieurs micro groupements ; certains de ces *Marketers* ont préféré le statut d'indépendant, tandis que d'autres ont cessé d'exister.

§ 3 – L'appréciation de leur rôle

46.- Bien que mal connu du grand public, le rôle de la CSPH a été important dans la stabilisation des prix des produits pétroliers. Grâce au fonds de péréquation, il permet de réduire les écarts de prix entre les régions les plus proches et celles les plus éloignées de la raffinerie. C'est ce même fonds qui a permis de stabiliser les prix à la pompe jusqu'au 30 juin 2000 alors que le Brent[27] et les cours du dollar atteignaient des niveaux inégalés depuis plus de 10 ans. Pendant cette période, de nombreux pays (même européens) avaient dû procéder à des relèvements radicaux des prix à la pompe, entraînant ainsi des soulèvements sociaux. Ses réserves financières ayant été fortement réduites par cette méthode de stabilisation, la CSPH, qui n'en pouvait plus, a imaginé et fait adopter le système du soutien de l'État à la consommation[28] dès le mois de juillet 2000, à la charge de la SONARA. Ce système, qui a connu quelques aménagements, a ainsi fait passer les risques, les difficultés et les implications de la stabilisation des prix de la CSPH à la SONARA.

---

[27] Le Brent est un pétrole brut de très haute qualité en provenance de la mer du Nord et qui sert d'index au marché international.

[28] V. infra, n° 301 ss.

47.- Quant au rôle du GPP, il a naturellement été profitable aux *Marketers* qui font un, quand il s'agit de recevoir, et plusieurs, quand il faut donner. C'est ainsi que le GPP a pu obtenir que certains postes de la structure des prix soient libéralisés à l'instar des frais généraux, des frais financiers, des coulages, de l'amortissement, de l'entretien, de la livraison-ville et de la marge. La libéralisation des marges permet notamment d'ajouter 2 ou 3 francs par litre à la pompe sur le prix homologué. La libéralisation des postes pénalise par ailleurs les consommateurs en ne permettant aux industriels et grossistes de ne déduire que la seule TVA sur produits pétroliers reversée à la SONARA[29].

48.- *Les prix de vente et la fiscalité des produits pétroliers au Cameroun* jouent un rôle primordial dans la politique publique. Pourtant, leur encadrement reste en deçà des attentes. Cette étude nous amène ainsi naturellement à analyser la formation des prix et les instruments d'imposition des produits pétroliers (première partie). Mais les prix et la fiscalité des produits pétroliers restent insuffisamment maîtrisés tant à l'intérieur qu'à l'extérieur des services concernés. Ils présentent un certain nombre de limites auxquelles nous proposons quelques aménagements en vue de leur optimisation (deuxième partie).

---

[29] V. infra, n° 264 ss.

PREMIÈRE PARTIE

FORMATION DES PRIX DE VENTE ET INSTRUMENTS D'IMPOSITION DES PRODUITS PÉTROLIERS AU CAMEROUN

49.- Toute imposition passe par la détermination de l'assiette. L'assiette peut être donnée en quantités ou en valeurs. Dans ce dernier cas, l'élément fondamental est le prix. Nous mettrons ainsi un accent particulier sur la formation des prix de vente des produits pétroliers (titre premier) afin d'en comprendre les mécanismes de fiscalisation (titre deuxième).

TITRE PREMIER

LA FORMATION DES PRIX DE VENTE DES PRODUITS PÉTROLIERS

50.- Les produits pétroliers sont issus de la transformation de la matière première, le pétrole brut (chapitre 2). Il faut donc commencer par l'acquérir (chapitre 1). Ces deux opérations ont un coût qu'il n'est pas toujours aisé de comprendre dans la structure des prix des produits pétroliers (chapitre 3).

CHAPITRE 1

L'ACQUISITION DES PÉTROLES BRUTS

51.- Les pétroles bruts acquis pour le traitement ont des origines (section 1) précises et préférentielles. Ils rentrent en traitement avec un coût formé de plusieurs éléments (section 2).

Section 1 - Origine des Pétroles bruts traités

52.- Les pétroles bruts traités au Cameroun sont de type lourd ou léger et proviennent de deux sous régions d'Afrique, à savoir l'Afrique Centrale et l'Afrique de l'Ouest, comme l'indique le tableau n° 1 ci-dessous.

Tableau 1 : Origine et nom des pétroles bruts raffinés par la SONARA

PETROLES BRUTS	ORIGINE				
	NIGERIA	GUINEE EQUATORIALE	CAMEROUN (SNH)	GABON	COTE D'IVOIRE
KOLE			X		
BRASS RIVER	X				
BONNY LIGHT	X				
OKWORI	X				
EBOME			X		
LION					X
CONDENSAT LOGBABA			X		
AMENAM	X				
ALBA CONDENSATE		X			
UKPOKITI	X				
BONGA	X				
EA	X				

53.- L'acquisition des pétroles bruts est fonction des spécifications des installations de la raffinerie. Celle du Cameroun est de type *Hydroskimming*, encore dite *Topping reforming*. Il s'agit d'une raffinerie de base, encore dite *raffinerie du pauvre*, destinée à traiter une espèce de brut à la fois en général du brut léger, sans unité de conversion. Mais dans la pratique, la SONARA a coutume de constituer un cocktail de brut, en fonction de la demande en produits finis. Les cocktails ainsi constitués permettent à la raffinerie de réduire les impacts du déficit technologique lié à ses installations sur sa rentabilité. Les différents bruts, qu'ils proviennent du Cameroun ou de l'étranger, sont livrés à la raffinerie pour l'essentiel par voie maritime. En effet, seul le condensat Logbaba, qui intervient dans le raffinage dans une infime proportion est livré par camion-citerne jusque-là.

Section 2 – La formation du coût d'achat du brut traité

54.- Le coût d'achat du pétrole brut comprend en principe le prix du pétrole (§ 1) et les frais accessoires d'achat (§ 3). Mais pour bien déterminer le prix d'achat, il faut connaître la date B/L et les cotations des pétroles bruts (§ 2).

§1 – Les prix des pétroles bruts

55.- En général, ce sont les prix des bruts de référence ou « marqueurs » qui sont donnés sur le marché. On les retrouve dans des supports spécialisés : Platt's, Petrostratégies, Reuters… Les bruts de référence sont le Brent et le BQ. C'est à partir de leurs cotations et particulièrement celle du Brent, que se déterminent les prix des autres bruts, par application d'une cote ou d'une décote, couramment appelée prime (positive ou négative). Généralement, seul le Kolé a une prime négative en ce qui concerne le Cameroun, les autres bruts ayant plutôt des primes positives par rapport au Brent. Il n'existe pas de règle fixe en matière de prime. Leur niveau dépend plus de la force de négociation de l'acheteur et/ou du vendeur de brut.

56.- Les prix des pétroles bruts sont donnés en Dollars US. Pour les transcrire en monnaie légale, il faut avoir la juste parité. Les parités sont également publiées dans les mêmes supports de référence ci-dessus. Ces publications donnent les moyennes journalières tant des cotations de brut que des parités du Dollar. À ces prix, s'ajoutent les frais financiers relatifs au paiement à crédit des cargaisons[30].

§2 – Date B/L et cotations des pétroles bruts

57.- Les cotations des pétroles bruts (Brent notamment) sont en perpétuelle évolution tous les jours ouvrés. Il en est de même des parités du Dollar US. Elles peuvent atteindre des niveaux très variés au cours d'une même journée. On pourrait ainsi envisager de fixer le prix d'un brut donné à une date et une heure précises. Cette option pourrait avoir ses avantages et ses inconvénients.

58.- En effet, le pétrole brut ne se charge pas dans un navire (opération FOB), ou ne se livre pas à un acheteur (opération CIF) à une date et une heure précise. C'est une longue activité qui, en fonction de la taille de la cargaison de pétrole brut, peut s'étaler sur plusieurs jours. L'option courante est donc celle de la date B/L, celle supposée matérialiser la fin de l'activité. Une fois la date B/L connue, il faut déterminer la cotation du Brent qui doit lui être appliquée.

---

[30] Le crédit est gratuit jusqu'à 30 jours. Entre le 31ème jour et le 90ème, il est facturé à un taux convenu d'accord partie et d'avance. C'est le système de *l'open-credit*, par opposition à celui du crédit documentaire entre autres.

59.- Celle-ci est arrêtée contractuellement ou d'avance pour les achats spots, et peut correspondre :

- au jour de début de l'opération,
- au jour de fin de l'opération,
- à la moyenne des jours sur lesquels s'est étalée l'opération,
- à une moyenne obtenue en prenant en compte un certain nombre de jours avant et/ou après la date de B/L.

60.- A la cotation ainsi obtenue, on affecte la prime négociée pour trouver le prix du baril de brut correspondant. Ce prix est multiplié par le volume de la cargaison, pour avoir la valeur totale en dollars US. Pour la transcription en monnaie locale[31], il faut appliquer la parité du Dollar à la date du B/L. Le volume retenu ici est celui du certificat de quantité délivré à la réception, pour un achat CIF. Pour un achat FOB, le volume retenu sera celui du B/L.

§3 – Les frais accessoires d'achat de pétrole brut

61.- Une fois le pétrole brut acheté tel que présenté ci-dessus, il doit être livré à la raffinerie. Comme nous l'avons déjà dit, les approvisionnements se font par voie maritime. Au prix d'achat précédent, viendront alors se greffer successivement :

- Les frais de transport, plus souvent contractuels ; ils sont obtenus en multipliant la quantité en TM transportée par le navire affréteur par le prix indiqué dans le contrat de transport.
- Les assurances transport supportées pour l'acheminement des cargaisons ; elles

[31] Cette transcription est nécessaire pour la tenue de la comptabilité, celle-ci ne pouvant se faire que dans une monnaie ayant cours légal.

correspondent au produit de la valeur de la cargaison FOB par le taux indiqué dans le contrat d'assurance de brut. En 2010, ce taux est de 0,099 5 %, et comporte les risques ordinaires et les risques de guerre.

- Les taxes portuaires, notamment la taxe *Nigerian Port Authority* (NPA) pour les achats FOB de bruts nigérians ; elle s'obtient en multipliant la quantité de barils transportée par le navire affréteur par le prix pratiqué au Nigéria, qui est de 0,025 $ en 2010.
- Les frais d'inspection des cargaisons et d'inventaire des bacs de stockage, conventionnels.
- Les frais de remorquage des navires, de l'entrée du territoire national jusqu'au port de la SONARA. Ils sont conventionnels.
- Les frais de pilotage des navires transportant les cargaisons de brut ; ils sont facturés par le Port Autonome de Limbé, relativement à la période où l'opération a eu lieu.
- Les frais de lamanage des navires, pour les stabiliser de l'entrée du territoire national jusqu'au port de la SONARA. Ils sont conventionnels.
- Les Surestaries, pour non-respect du temps contractuel de séjour d'un navire dans les installations de la raffinerie. Depuis le second semestre 2018, ces surestaries qui étaient de plus en plus élevées sont noyées dans un coût forfaitaire de transport. Elles seront ainsi supportées sans être tracées dans les comptes.
- Depuis janvier 2014, la raffinerie supporte en plus des frais bancaires relatifs à la mise en place de crédits documentaires, ce mode d'achat y ayant été

institutionnalisé. En règle générale, le Crédit Documentaire est l'opération par laquelle une Banque, la « Banque Émettrice », s'engage d'ordre et pour compte de son Client Importateur, le « Donneur d'Ordre », à régler à un Tiers Exportateur, le « Bénéficiaire », dans un délai déterminé via une Banque Intermédiaire, la « Banque Notificatrice », un Montant déterminé contre la Remise de Documents strictement conformes justifiant la valeur et l'expédition des Marchandises.

62.- Les pétroles bruts acquis rentrent ainsi en stock avec une valeur comprenant le prix du pétrole, augmenté de l'ensemble de ces frais : c'est le coût d'achat du pétrole brut. C'est avec cette même valeur qu'ils sortiront du stock pour entrer en traitement. Lors de l'entrée en stock, il peut arriver que les quantités achetées soient différentes des quantités réceptionnées ; cet écart est appelé coulage. Celui-ci peut être favorable (bonis sur coulage) ou défavorable (malis sur coulage). Il est favorable lorsque les quantités réceptionnées sont supérieures aux quantités achetées ; et défavorable dans le cas inverse.

63.- Le coulage est, avec l'évaporation et les erreurs de mesures ou de lecture, l'une des trois causes de pertes. Mais dans le langage usuel des produits pétroliers, le terme coulage englobe toutes ces causes de perte. L'évaporation est le transfert de produit sous forme de vapeur dans l'atmosphère. Ce phénomène se produit quand la pression dans le réservoir est élevée. Les pertes par erreurs de mesure et de lecture sont de deux types : les erreurs systématiques et les erreurs fortuites. Les erreurs systématiques sont toujours présentes et deviennent la mesure de la valeur exacte, toujours dans le même sens. Ce qui fait que les pertes qui leur sont associées peuvent être très importantes au bout d'une certaine période. Par contre, les erreurs fortuites sont des variables aléatoires qui se neutralisent au bout d'une période plus ou moins longue. Le coulage proprement dit est la fuite des produits du fait des défauts d'étanchéité qui peuvent être dus à la corrosion des conduites ou du fond des réservoirs[32].

[32] V. infra, n° 132 ss ; 331.

CHAPITRE 2

LES COÛTS DE TRANSFORMATION DES PÉTROLES BRUTS EN PRODUITS PÉTROLIERS RAFFINÉS

64.- Afin de mieux comprendre la formation des prix des produits pétroliers (section 2), il convient de se faire une idée générale sur le processus de raffinage de pétrole brut (section 1).

Section 1 – Généralités sur le raffinage

65.- La transformation du pétrole brut en produits pétroliers s'opère à travers le processus du raffinage. Celui-ci permet de séparer les hydrocarbures composant un brut donné, de décomposer le brut afin d'obtenir un ensemble de produits pétroliers, produits liés puisque l'on ne peut obtenir un des produits, par mise en œuvre du processus de raffinage, sans obtenir aussi les autres. Le tableau n° 2 ci-après présente les rendements théoriques de la distillation de deux types de brut[33]. Mais suivant les techniques utilisées, les qualités du brut retenues comme matière première, il est possible de faire varier les quantités relatives de chacun des produits obtenus, de façon à ajuster la structure de l'ensemble des produits raffinés à la structure de la demande.

---

[33] DIKOUME (A. L.), *La fiscalité pétrolière des États membres de la CEMAC*, Paris, éditions L'Harmattan, 2008, n° 8.

Tableau 2 : Rendements théoriques de la distillation du brut

PRODUITS	RENDEMENT DU BRUT EN % POIDS			
	KOLE (Cameroun)	ALBA (Guinée Equat)	POINTE DE COUPE	UNITÉ DE MESURE
ESSENCE totale	13,62	37,77	140	TM/Bbls
KÉROSÈNE	17,69	28,27	240	TM/Bbls
GASOLE total	26,16	25,87	375	TM/Bbls
DISTILLAT	8,97	1,7	440	TM/Bbls
RÉSIDU (FUEL)	32,7	3,68	440+	TM/Bbls
TOTAL	**100**	**100**		
Densité API	31,7	49,21		

66.- La séparation des hydrocarbures composant un brut donné s'obtient à travers le procédé de distillation atmosphérique. Les produits semi-finis obtenus sont ensuite retraités dans les unités en aval. Les premiers produits extraits de la colonne de distillation sont appelés coupes. Le processus de raffinage se poursuit par trois autres procédés qui sont :

- l'hydrotraitement ;
- l'hydrodésulfuration ;
- le reforming catalytique.

Suivant la complexité de la raffinerie, on peut ensuite procéder à la distillation sous vide, puis à l'hydrocraquage.

Section 2 - Formation des prix des produits pétroliers

67.- Mois par mois, les prix des produits pétroliers sont déterminés, tant en vue de suivre la marge, que de suivre le prix public et soutien à la consommation publique par l'État. Pour y parvenir, les étapes suivantes sont prévues : le coût du brut traité (§ 1), le coût variable de fabrication (§ 2), le coût de fabrication opérationnel (§ 3), le coût de revient (§ 4) et le prix de vente théorique (§ 5).

§ 1 - Le coût du brut traité

68.- Les pétroles bruts sortent des stocks et rentrent en traitement suivant la méthode du Premier Entré Premier Sorti (PEPS), pour une meilleure maîtrise des coûts de production. Les bruts qui ne sont pas traités sont conservés en stock, et leur valeur est exclue des coûts de fabrication de la période considérée. Inversement, la valeur des bruts antérieurement conservés en stocks et traités durant la même période est intégrée dans les coûts de fabrication de ladite période. Cette succession d'additions et de soustractions permet d'obtenir le coût du brut traité (ou coût du brut consommé) durant la période de référence.

§ 2 - Le coût variable de fabrication

69.- La distillation du pétrole brut entraîne la consommation d'un certain nombre de matières. Il s'agit notamment de l'énergie (électricité usine) et de produits chimiques tels le plomb, l'azote, l'ammoniac, la soude, l'acide chlorhydrique... Les frais relatifs à ces matières additionnelles, ajoutés au coût du brut consommé, nous conduisent au coût variable de fabrication. Les frais des personnels usines ne sont pas pris en compte ici, car ils sont fixes.

§ 3 - Le coût de fabrication opérationnel

70.- À ce niveau, vont s'intégrer pour la constitution du coût de fabrication opérationnel :

- Les frais de personnel organique, qui intègrent la rémunération de l'ensemble du personnel administratif, commercial et technique.
- Les frais bancaires.
- Les autres frais de fonctionnement, comprenant entre autres les frais communs usine, les frais généraux hors usine, les fournitures et prestations diverses, les autres assurances.
- Les frais d'entretien, couvrant l'entretien sur panne, l'entretien périodique, l'entretien sur diagnostic, l'entretien caractérisé et les divers autres entretiens.
- La constatation des amortissements de l'ensemble de l'actif immobilisé.
- La constatation des provisions pour dépréciation des éléments de l'actif.

§ 4 - Le coût de revient

71.- Pour la formation du coût de revient des produits pétroliers, on ajoutera au coût de fabrication opérationnel précédemment obtenu :

- Les frais et produits d'exploitation. Les frais comprennent notamment les taxes sur importation[34], les taxes sur autoconsommation, les impôts et

---

[34] Qui devrait normalement faire partie du coût d'acquisition des matières consommables importées. Mais ce traitement est rendu difficile par la conjugaison des lenteurs administratives et les limites des logiciels de gestion des stocks.

pénalités non déductibles, les subventions accordées, les charges et pertes diverses. Les produits comprennent entre autres les reprises de provisions, les indemnisations reçues, les reprises et transferts de charges, et les recettes diverses.

- Les frais de transport des produits finis de la raffinerie vers les entrepôts de la SCDP. Ces frais sont normalement refacturés aux consommateurs de produits pétroliers. C'est pourquoi les recettes qui en découlent sont prises en diminution desdits frais. Le différentiel seul est intégré au coût de revient, en plus ou en moins selon son sens.
- Les frais et produits hors activité ordinaire, tels que les cessions et mises au rebut d'immobilisation.
- Les produits financiers.
- Les frais financiers relatifs aux emprunts, aux découverts et spots bancaires, à l'exclusion des intérêts liés au crédit fournisseur[35].
- Les gains et pertes de change.

72.- Le coût de revient ainsi obtenu doit permettre de valoriser les produits pétroliers obtenus à la fin du processus de raffinage, pour leur entrée en stock. Mais ce coût de revient est global pour l'ensemble des produits pétroliers obtenus, alors que les produits pétroliers doivent être pris en stock isolément. Ce prix de revient ne peut donc servir comme tel. Il sera remplacé par un nouveau prix de revient par produit, obtenu par application du coefficient de

---

[35] Les intérêts sur facture de brut sont incorporés au coût d'achat du brut lorsqu'ils existent. En général, les factures sont payables à 30 jours sans intérêt. Entre le 31e jour et le 90e jour, les intérêts sont facturés à un taux convenu d'un commun accord.

prix de revient aux prix de vente qui eux sont déjà déterminés autrement[36].

73.- Le coefficient de prix de revient s'obtient en divisant le coût de revient global de la production par la valeur commerciale globale de la production. Pour obtenir la valeur commerciale globale de la production, il faut multiplier la quantité en TM de chaque produit par le prix de vente du produit considéré, et diviser le tout par la densité du produit. Pour cela, il faut disposer :

- de tous les produits fabriqués pour le dernier mois de la période retenue ;
- des densités de ces produits ;
- des prix de vente à Douala de ces produits pour ceux vendus au Cameroun et des prix HIGH CIF ou FOB NWE BASIS ARA pour les produits vendus à l'international pour le mois retenu ;
- de la contenance de ces produits en m^3 ou en TM.

74.- Le coût de revient de la production est quant à lui composé :

- de tous les produits fabriqués du dernier mois de la période retenue ;
- du coût unitaire de la production du dernier mois de la période retenue[37].

75.- Le coefficient (c) ainsi obtenu s'applique au stock existant à la fin de la période retenue. Il est multiplié par le produit obtenu en multipliant les quantités en TM (Q) par le prix de vente (PV), l'ensemble étant divisé par la densité (d), d'où ((c = (Q x PV)/d). Cette opération entraîne généralement des ajustements sur la valeur du stock existant

---

[36] V. infra, n° 83 ss.

[37] V. supra, n° 69s.

à la fin de la période retenue. Cet ajustement découle de la comparaison entre la valeur de chaque produit à cette période retenue et celle existant en stock. Ce coefficient sert à déterminer le prix de revient des produits pour les périodes suivantes, jusqu'à sa mise à jour. À la SONARA, la mise à jour du coefficient de prix de revient à lieu à chaque clôture trimestrielle. Cette opération peut être envisagée mensuellement pour les raffineries disposant d'un logiciel de gestion intégré (ERP, Template light,...) facilitant ainsi les clôtures comptables mensuelles.

§ 5 - Les prix de vente

76.- Dans la démarche classique, le prix de vente serait le prix de revient augmenté de la marge nette[38], pour le prix de vente hors taxes. En matière de produits pétroliers, c'est le marché qui détermine les prix de vente ; le point de départ est ainsi le prix parité import, qui n'a aucune relation directe avec la structure des charges de la raffinerie. C'est ce que montre le chapitre suivant relatif à la structure des prix des produits pétroliers. Il avait été envisagé, avec les nouvelles orientations du ministre des Finances en 2010, que l'on soit amené plutôt à calculer le prix de vente à partir des charges réelles de la raffinerie. Son mode de détermination restait alors à déterminer au sein d'un comité à créer, dont les travaux devaient démarrer avant février 2011. Cette idée, qui se serait traduite dans la figure ci-dessous, n'a malheureusement pas prospéré.

---

[38] V. infra, n° 108 ss.

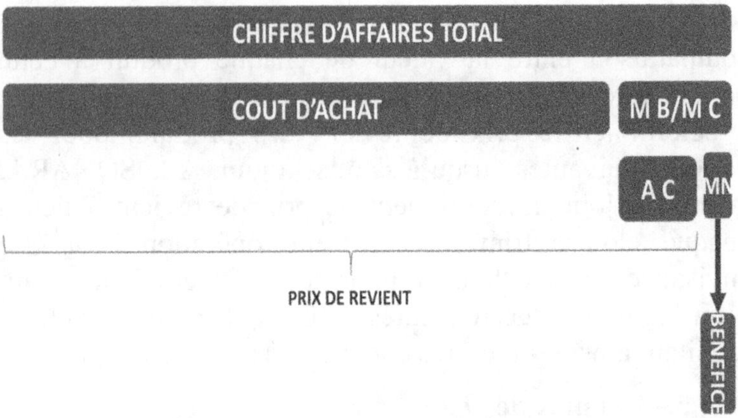
CHIFFRE D'AFFAIRES TOTAL
COUT D'ACHAT
M B/M C
A C
MN
PRIX DE REVIENT
BENEFICE

CHAPITRE 3

LA STRUCTURE DES PRIX DES PRODUITS PÉTROLIERS

77.- Avant d'arriver au niveau visible à la pompe dans les stations-service, les produits pétroliers sont acquis à un prix ex-raffinerie (section 1). À ces prix ex-raffinerie, viennent se greffer de nombreux frais et taxes, pour constituer le prix de détail homologué (section 2).

Section 1 - Le prix des produits pétroliers sortie raffinerie

78.- La Société Nationale de Raffinage avait passé avec l'État un contrat de performance couvrant la période de 1999 à 2005. Sur la base de ce contrat, un protocole d'établissement des prix des carburants sortis SONARA avait été élaboré pour les produits vendus sur le marché national (§ 2) encore appelé Marché Intérieur (MI) ; ce protocole a été appliqué jusqu'en mars 2008, avec quelques aménagements. À l'export, les prix des produits suivent une autre logique (§ 1).

§ 1 - À l'export

79.- Pour les exportations CIF Douala à destination de la CEMAC des produits tels le Super, le Jet A1 et le Gasoil, les prix de vente sont constitués par le prix High FOB MED augmenté d'une prime. Cette prime intègre le coût de transport desdits produits de Limbé à Douala. Par contre au départ de Douala, le coût d'expédition des produits en dollars par tonne est ajouté au Prix FOB Limbé pour obtenir le Prix CIF Douala, lorsque ce coût est supporté par la SONARA.

80.- S'agissant des exportations terrestres au PCCC et celles à destination de la Guinée Équatoriale pour les mêmes produits Super, Jet A1 et Gasoil, les prix de vente sont également constitués par le prix High FOB MED augmenté d'une prime. Cependant, cette prime exclut les frais de transport des produits de Limbé à Douala, du fait qu'ils n'ont pas été supportés. Le coût d'expédition des produits, qui n'est pas supporté par la raffinerie, n'est pas pris en compte non plus.

81.- Quant aux exportations maritimes FOB Limbé (exports internationales), elles ont un prix fixe en dollar par Tonne Métrique pour le Butane[39] et le Distillat[40]. Pour les produits tels le Super et le Gasoil, les prix de vente sont constitués par le prix High FOB MED augmenté ou diminué d'une prime. Pour le Jet A1, le prix de vente est constitué du prix CIF NWE augmenté ou diminué d'une prime. Cette prime sur l'ensemble des exportations maritimes FOB, qui est soumise aux fluctuations internationales, ne suit pas toujours le même sens que celles énoncées dans les exportations terrestres au PCCC, celles à destination de la Guinée Équatoriale ou encore les exportations CIF Douala. Les prix de vente du Fuel lourd 3 500 sont généralement constitués du prix CIF NWE FUEL 1PCT plus ou moins une prime, sachant qu'en général la prime est négative sur le Fuel Oils lourd.

82.- Les tableaux n° 3 et n° 4 ci-après présentent les prévisions de primes et de coûts de transport pour ces différents produits et marchés en 2015 et en 2018, en dollars par tonne métrique, pour la raffinerie. Il en ressort que les

---

[39] En 2004 par exemple, il avait été prévu à 250 USD/TM.
[40] En 2004 par exemple, il avait été prévu à 187,5 USD/TM.

primes semblent avoir disparu en 2018 sur les exports CEMAC CIF Douala et sur les exports internationaux.

Tableau 3 : Prévisions des primes et coûts de transport pour l'exercice 2015

MARCHE	ELEMENTS	Super	Jet A1	Gazole	Distillat	FO 1500	FO 3500
Exports CEMAC	Référence	H FOB MED	H FOB MED	H FOB MED		H CIF NWE	
PCC	Prime	78,00	35,00	78,00		75,00	
FOB Limbé	**Prix**	**885,60**	**811,60**	**800,60**		**527,60**	
Exports CEMAC	Référence	H FOB MED	H FOB MED	H FOB MED		H CIF NWE	
Douala	Prime FOB Limbé	78,00	35,00	78,00		75,00	
CIF Douala	**Prix FOB Limbé($/t)**	**885,60**	**811,60**	**800,60**		**527,60**	
	Transport ($/t)	13,98	13,38	12,90		13,79	
	Prix CIF Douala($/t)	899,58	824,98	813,50		541,39	
Exports	Référence	H FOB MED	H CIF NWE	H FOB MED	NWE/MED	H CIF NWE	H CIF NWE
internationales		27,00	19,00	21,00	3,00	23,00	12,00
FOB Limbé	**Prix FOB Limbé($/t)**	**834,60**	**817,60**	**743,60**	**595,60**	**475,60**	**464,60**

Tableau 4 : Prévisions des primes et coûts de transport pour l'exercice 2018

MARCHE	ELEMENTS	Super	Jet A1	Gazole	Distillat	FO 1500	FO 3500
Exports CEMAC	Référence	H FOB MED	H FOB MED	H FOB MED		H CIF NWE	
PCC	Prime	85,00	45,00	85,00		83,00	
FOB Limbé	**Prix**	**673,41**	**578,41**	**577,41**		**390,41**	
Exports CEMAC	Référence	H FOB MED	H FOB MED	H FOB MED		H CIF NWE	
Douala	Prime FOB Limbé						
CIF Douala	**Prix FOB Limbé($/t)**	**563,41**	**512,41**	**479,41**		**307,41**	
	Transport ($/t)	18,97	17,98	17,20		11,38	
	Prix CIF Douala($/t)	582,38	530,39	496,61		318,79	
Exports	Référence	H FOB MED	H CIF NWE	H FOB MED	NWE/MED	H CIF NWE	H CIF NWE
internationales							
FOB Limbé	**Prix FOB Limbé($/t)**	**563,41**	**533,41**	**479,41**	**320,00**	**307,41**	**307,41**

§ 2 - Sur le marché intérieur

83.- Il convient de rappeler ici que jusqu'en 1999, les prix de vente des produits homologués (Super, Pétrole et Gasoil) s'obtenaient comme suit mensuellement :

P = (Prix CIF NWE référence + Freight + Insurance/Loss + Others costs) x K x (Parité $/FCFA).

Dans cette formule, Prix CIF NWE référence représente les cotations CARGOES CIF NWE BASIS ARA paraissant quotidiennement dans le PLATT'S EUROPEAN MARKETSCAN des produits PREM.15 (supercarburant), JET (lampant), GASOIL .2 (gazole) ; *Others costs* représentent les frais financiers, les Surestaries/Inspection, les frais de passage Limbé ; K représente le coefficient de parité internationale ; Parité $/FCFA correspond à la parité paraissant quotidiennement dans le PLATT'S EUROPEAN MARKETSCAN. Les prix ainsi déterminés se rapprochaient plus des prix de revient réels.

84.- Mais sous l'instigation du FMI, le protocole a été modifié à partir de juillet 1999 pour donner : P = (Prix Parité Import + Ajustement Économique)

Dans cette nouvelle formule, « Prix Parité Import » (PPI) représente le (Prix CIF NWE référence + Freight + Insurance/Loss + Others costs) x (Parité $/FCFA) tel que ci-dessus. En réalité, c'est le coefficient K qui y a été extrait. Ce nouveau protocole d'établissement des prix des produits pétroliers sortis SONARA est resté en vigueur jusqu'en 2003.

85.- À partir de 2004, la formule a évolué en distinguant trois éléments comme suit : P = Prix Parité Import + Contribution Gaz Butane + Ajustement Économique. La détermination de ce prix restait mensuelle, avec un résultat annuel prédéterminé. Sous l'instigation du FMI, qui ne semblait pas comprendre la formule en vigueur comme nous le montrions, en mars 2007, dans nos *commentaires et observations sur le rapport du FMI de mars 2006, relatif à l'examen de la politique fiscale (hors pétrole) du Cameroun*, une nouvelle formule est entrée en vigueur en avril 2008 et a été appliquée jusqu'en 2011. Elle se présente comme suit : P = Prix Parité Import x (1 + Coefficient d'Ajustement) x parité USD/FCFA.

86.- Avec cette nouvelle formule, le résultat n'est plus fixé d'avance ; il découle de la conjoncture pétrolière internationale et de la gestion de la raffinerie. Les prix des produits pétroliers sortis raffinerie pour le mois N sont déterminés mensuellement (avec un certain décalage) en fonction des cours internationaux des produits de référence sur la période du 15 du mois N-2 au 14 du mois N-1. Le protocole d'établissement des prix sortis raffinerie sera revu en janvier 2012 et en novembre 2014, pour réviser certaines composantes à la baisse[41], sans changement sur la formule elle-même. C'est en janvier 2018 qu'interviendra une évolution majeure de cette formule, qui se présente désormais comme suit : P = (Prix Parité Import x parité USD) + Marge fixe. Chacune des notions intervenant dans les diverses formules mérite d'être analysée.

A - Le Prix Parité Import (PPI)

87.- Le Prix Parité Import doit être obtenu en FCFA. Il est égal à : Prix CIF NWE + *Freight* + *Insurance/Loss* + *Other costs*) x parité $/FCFA. Dans cette opération, le Prix CIF NWE s'obtient dans les Cotations CARGOES CIF NWE BASIS ARA, paraissant quotidiennement dans le PLATT'S EUROPEAN MARKETSCAN des produits suivants :

- PREM Unl 50 ppm pour le supercarburant ;
- JET A1 pour le pétrole lampant ;
- GASOIL 0,2 pour le gazole.

---

[41] V. infra, n° 92 pour le Deadfreight, n° 105 ss pour le Coefficient d'Ajustement.

88.- Avec la nouvelle formule entrée en vigueur en avril 2008, ce prix est désormais dit *prix de référence*. Il exclut à tort l'ensemble des primes (prime d'achat, prime de qualité, marge trader) pour des besoins de simplification. Le Prix CIF NWE devenu *prix de référence* n'est en définitive que le Prix de Revient Moyen des grandes raffineries occidentales. La principale caractéristique de ces raffineries est qu'elles sont toutes complexes[42] avec une capacité de traitement d'au moins 10 millions de TM, dégageant ainsi des frais fixes unitaires très bas. Il faut par conséquent les corriger afin de les appliquer dans une raffinerie de type *Toping Reforming* comme la SONARA[43]. Cette dernière est dorénavant comparée, avec ces PPI, à un importateur de produits pétroliers raffinés qui voudrait réaliser de « bonnes affaires » au Cameroun.

89.- Le *Freight* est donné en dollars par tonne pour les carburants, et tient compte de l'évolution des coûts du fret international. Les *Insurance/Loss* sont également donnés en dollars par tonne pour les carburants, et tiennent compte de l'évolution des tarifs d'assurance. Les *Others costs* comprennent, pour tous les produits et en dollars par tonne, les frais financiers, les Surestaries/Inspection, les frais de passage à Limbé.

90.- Avec la formule d'avril 2008, l'ensemble de ces charges est regroupé, avec de nouvelles rubriques, sous l'expression *frais d'approche*[44]. Ils comprennent le fret, le *dead freight*, les pertes au transport, les coûts d'assurance,

---

[42] C'est-à-dire qu'elles sont dotées d'un hydrocraqueur, ce qui réduit ainsi le fonds de colonne ou produits lourds au strict minimum.

[43] V. infra, n° 97 ss.

[44] Dans la nouvelle formule de 2008, le PPI est désormais égal à Prix de Référence + Frais d'approche. Les frais d'approche pourraient aussi intégrer les droits de douane, si ceux-ci sont liquidés à la porte comme envisagé.

les surestaries, les frais de passage à Limbé. Leur détermination est également précisée.

91.- Le Fret est égal à : WS x CSR x coefficient multiplicateur où :

- WS est le Worldscale publié annuellement en début d'année par « worldscale association ».
- CSR est le Clean Spot Rates pour les navires de 30 KT (United Kingdom to West Africa), publié quotidiennement dans le Platt's. Afin de limiter l'ampleur des variations d'un mois sur l'autre, il peut être envisagé de prendre la moyenne des trois derniers mois glissants pour le coefficient de fret CSR.
- Le coefficient multiplicateur prend en compte un certain nombre de contraintes telles que le retour à vide du tanker sur la zone Europe. La profession utilise un coefficient moyen de 1,30. Il peut varier d'un voyage à l'autre en fonction des opportunités d'affrètement au retour.

92.- L'introduction de la notion de *Dead Freight* découle de l'application des PPI, qui place la raffinerie dans une situation d'importateur. Selon le lexique des termes maritimes, le *Dead freight* ou faut fret est l'indemnisation de l'armateur par un chargeur qui a retenu la place, mais n'a pas remis la marchandise. Dans le cas d'espèces, il intègre le retour à vide des navires venus prester pour la SONARA. En effet, il prend en compte le fait qu'un bateau de 30 KT ne peut pas rentrer dans le port de Douala[45] et doit donc arriver avec un faux fret important ou procéder à un transfert sur un bateau plus petit (location d'un deuxième

---

[45] Son tirant d'eau maximum de 7,5 m correspond à des navires pétroliers d'environ 10 à 12 KT maximum.

bateau, coût du transbordement d'une partie de la cargaison…). Son coût est donné par des revues de référence telles que le *Platt's*. Le *Dead freight* est un élément réel du prix de revient des produits pétroliers, qui a été supprimé à tort dans la formule de prix depuis janvier 2012. Il est évalué à 10 USD/TM, ce qui sous-évalue pour autant le prix sorti raffinerie.

93.- Les pertes liées au transport sont fixées à 0,3 % de (prix du produit + Fret + *Dead Freight*) ; le coût d'assurances est quant à lui égal à 0,1625 % du prix du produit ; s'agissant des surestaries, elles sont admises pour un taux moyen de 0,25 $/TM, sauf dispositions particulières dues à un tiers[46] ; enfin, les frais de passage à Limbé qui couvrent l'amortissement et l'entretien de l'appontement mis en place à Limbé pour le chargement et le déchargement des navires sont fixés à 4 $/TM.

B – La Contribution Gaz Butane (CG)

94.- La vente du Gaz Butane n'était autorisée qu'à 120 000 FCFA par Tonne Métrique. Elle était donc subventionnée par les produits Super, Pétrole et Gasoil. Cette subvention était, jusqu'en 2003, intégrée dans l'Ajustement Économique[47] qu'elle surévaluait. Pour éviter des jugements à la hâte sur une protection de la raffinerie, la SONARA a sollicité et obtenu, à partir de 2004, de séparer la subvention Gaz de l'Ajustement Économique. Cette subvention était estimée à 3,204 milliards de FCFA en 2004 et alourdissait pour autant l'exploitation de la raffinerie.

95.- Pour obtenir la CG, il faut partir du coût d'importation de la tonne de Butane évaluée en 2004 à CIF

---

[46] Ce niveau est néanmoins largement dépassé dans les comptes de la raffinerie.
[47] Voir infra, n° 98 ss.

NWE + 100 USD/TM, soit 350 USD/TM, correspondant à 204 750 FCFA. Ce montant est comparé au prix de vente autorisé de la tonne de Butane, soit 120 000 FCFA. Il s'en dégage un écart de 84 750 FCFA. Pour une livraison de 37 800 TM sur l'année, la subvention est de 84 750 x 37 800 = 3,204 milliards de FCFA, soit 5 476 154 USD. La subvention ainsi obtenue est supportée par l'ensemble des produits concernés par la grille des prix. Pour l'année 2004, ils représentaient 657 000 TM, d'où un impact de 8,34 USD/TM. Jusqu'en 2007, cette subvention était entièrement supportée par la SONARA.

96.- Depuis avril 2008, la CG a cessé d'exister. La nouvelle formule permet de déterminer les prix ex-raffinerie directement raccordés aux cotations internationales. Ainsi, le prix du GPL sortie raffinerie sera calculé sur la base des moyennes mensuelles des cotations FOB Seagoing et de la parité USD/FCFA tout en intégrant les frais d'approche évalués à 100 USD/TM, comme suit : P = (Prix FOB Seagoing + 100) x Parité USD/FCFA. L'ensemble des primes (prime d'achat, prime de qualité, marge trader) n'a pas été pris en compte, à tort, afin de simplifier la formule. Cette dernière formule a été reconduite intégralement dans les protocoles d'établissement des prix ex-raffinerie de 2014 et de 2018.

C – L'Ajustement Économique (AE)

97.- L'AE ici est un ajustement de prix, c'est-à-dire un ensemble de dispositifs qui, intégrant une dimension temporelle ou autre, permettent de corriger un prix initial. Dans le cas de la SONARA, les prix sortis raffinerie ne sont pas déterminés à partir des prix de revient réels, mais à partir des Prix Parité Import (PPI) comme l'a exigé le FMI. Comme nous l'avons vu plus haut, il faut par conséquent corriger ces PPI avant de les appliquer dans une raffinerie de type *Toping Reforming* comme la SONARA[48]. L'on peut ainsi constater que c'est à tort que le FMI assimile l'AE à une subvention que l'État accorde à la SONARA.

98.- L'Ajustement Économique est la somme de quatre composantes : SR + OM + FS + CM = AE. Les facteurs SR et OM sont déterminés à partir de paramètres économiques internationaux utilisés pour l'élaboration des budgets tels les prix du brut et des produits finis (marché intérieur et export), la parité FCFA/USD. Ils sont aussi fonction des estimations des ventes (en quantités) pour le marché intérieur et export, ainsi que des charges annuelles d'exploitation de la raffinerie.

99.- Le facteur SR est une composante fixe représentant la protection résultant d'un Schéma de Raffinage (SR) sans conversion. Le niveau de cette protection est principalement fonction du degré de complexité des installations. SR est calculé annuellement en considérant que la SONARA couvre la totalité des besoins du marché national. Il est validé par le comité de suivi du contrat de performance, et approuvé par le ministre en charge des Finances.

100.- Le facteur OM est également une composante fixe. Il prend en compte l'Ouverture du Marché (OM) aux importations. Il est calculé annuellement sur la base d'une ouverture de marché décidée par le gouvernement pour chaque exercice budgétaire.

101.- Le Facteur Spread (FS) est une composante variable prenant en compte les variations de marges de raffinage au niveau international. Il est un indicateur de valorisation (Différentiel ventes de produits – achats de matières premières), qui fait intervenir l'ensemble des produits issus du raffinage y compris le Fuel Oil, sauf le

---

[48] V. supra, n° 87s.

butane, exclus du mécanisme de la révision mensuelle des prix. Le FS est calculé mensuellement pour lisser les fluctuations des marges de raffinage par rapport au budget de l'exercice en cours, à partir de l'Indice Spread (IS) et selon les formules suivantes :

* FS (en FCFA/TM) = (IS Budget – IS Mensuel) x Brent (mensuel) / Brent (Budget).

* IS (en FCFA/TM) = PMP – Brent

* PMP (en FCFA) = 0,196 x ESSENCE + 0,198 x KEROENE + 0,284 x GAZOLE + 0,097 x DISTILLAT + 0,159 x FUEL

Sachant que :

- IS Budget est l'Indice Spread calculé selon les hypothèses du budget ;
- IS Mensuel est l'Indice Spread calculé selon les cotations du mois écoulé (du 23 du mois N-2 au 22 du mois N-1) ;
- PMP est le Prix Moyen Pondéré des produits suivant la répartition de la production budget en FCFA par tonne ;
- Essence, Kérosène, Gazole, Fuel sont les cotations CARGOES CIF NWE basis ARA du Platt's respectivement pour le Premium.15, le Jet Aviation Fuel, le Gasoil.2 et le FO 1 % en $/T, multipliées par la parité FCFA/USD ;
- Distillat est la cotation moyenne entre le Gazole sur la base FOB MED basis ITALY et le Fuel sur la base CIF NWE basis ARA ;
- Brent est la cotation Platt's du Brent daté en $/Bbl, multiplié par « 7,56 » pour convertir en $/TM et par la parité FCFA/USD ;

- Les coefficients « 0,196 », « 0,198 », « 0,284 », « 0,097 », « 0,159 » sont les rendements moyens des produits Essence, Kérosène, Gazole, Distillat et Fuel pour l'exercice considéré. La somme de ces coefficients est 0,934. Les 0,066 restants sont attribués au Butane (0,018), aux combustibles autoconsommés (0,038) et aux pertes (0,010).

102.- Le facteur CM est une composante variable de Correction Mensuelle (CM) du résultat net pour assurer l'objectif de résultat annuel en ajustant les résultats mensuels. Pour cela, l'objectif de résultat annuel est préalablement ramené à un objectif mensuel. Le CM est calculé pour le mois « N » sur la base du cumul des résultats réalisés au cours des mois antérieurs de l'exercice en cours, afin de permettre à la SONARA de dégager un résultat net mensuel égal à l'objectif de résultat ramené au mois (par exemple 500 millions en 2004). L'objectif de résultat devait permettre la constitution de fonds propres, une dotation minimale d'investissement et le paiement des dividendes statutaires. Sont éligibles à la détermination du CM, tous les paramètres intervenant dans l'élaboration du compte de résultat d'exploitation, y compris les effets de la revalorisation annuelle du prix du Butane, à l'exception des frais fixes de fonctionnement et les frais d'entretien, dont les niveaux sont arrêtés par le contrat de performance.

103.- Le CM découle en réalité de ce que certains paramètres comme la parité du dollar et le cours du Brent ne peuvent être obtenus en temps réel. Ils sont donc retenus avec un certain décalage dans le temps, qui a des effets sur le prix du produit. Pour corriger ces effets, la formule a prévu ce Correctif Mensuel applicable le mois suivant. Mais selon le niveau de prix du mois considéré, on peut décider de surseoir à ce correctif, et de le remettre à plus tard. Le moment venu, ce CM sera appelé *rattrapage CM.*

Certains l'ont considéré à tort comme « un ajustement destiné à assurer un recouvrement raisonnable »[49].

104.- Depuis avril 2008, l'Ajustement Économique a été retiré de la formule de prix des produits pétroliers et remplacé par le Coefficient d'Ajustement. Toutes ses composantes sont ainsi devenues caduques, même si certaines étaient justifiées.

D – Le Coefficient d'Ajustement (CA)

105.- Le coefficient d'ajustement (CA) représente généralement la Marge Brute ou la marge commerciale accordée aux opérateurs. La marge n'est en général pas figée et varie suivant qu'il s'agit des prestations de services ou de la production industrielle. Le CA est généralement donné en valeur relative. Il peut arriver qu'il soit communiqué en valeur absolue. Cela nécessite alors qu'au préalable la structure des coûts soit bien éclatée par stade et ramenée à l'unité pour chacun de ces stades. Or, lorsqu'on observe la structure des prix des produits pétroliers homologués au détail, on remarque que le coût du raffinage y est confiné dans la rubrique soi-disant du prix sorti SONARA, autrement dit prix du produit (hors CA), qui est en réalité un prix « tronqué ». Le CA a été fixé à 15 % depuis avril 2008. Dans le cas d'espèce, un tiers du coefficient est supposé compenser les handicaps liés à l'environnement fiscalo-douanier[50] (0,014) et à l'ouverture

---

[49] V. rapport du FMI de mars 2006, intitulé « *l'examen de la politique fiscale (hors pétrole) du Cameroun* ».

[50] TSPP et Droits de Douane sur autoconsommation, minimum de perception sur chiffre d'affaires au titre de l'IS même en cas de déficit important, prorata de TVA augmentant les charges. V. infra, n° 159 ss.

du marché (0,036)[51]. Les deux tiers restants sont supposés se rapporter aux handicaps liés à la capacité et à la complexité de l'outil de production.

106.- Bon nombre de ces handicaps seront dépassés une fois que la deuxième phase des travaux de modernisation et d'extension de la SONARA sera achevée, avec notamment l'installation d'un hydrocraqueur. Cela pourrait justifier en partie les débats visant à revoir tant le coefficient d'ajustement que l'ouverture du marché[52]. Ces débats ont abouti à une nouvelle solution précipitée n'ayant pas fait le tour complet du problème[53]. En effet, le CA a été ramené à 12 % en janvier 2012, puis à 10 % en juillet 2014 sous l'instigation du FMI, qui le considère aussi à tort comme une subvention accordée à la SONARA. Le CA ne devait être révisé qu'après la réalisation de la phase 2 du projet d'extension et de modernisation de la raffinerie. L'abaissement du CA a également été accompagné en 2014, au niveau de la SONARA, d'une réduction des frais de cabotage de 2,5 FCFA par litre tous produits confondus. Les paramètres supprimés ou réduits n'étant pas des subventions comme l'a pensé le FMI, leur modification s'est répercutée sur l'activité de la SONARA qui se trouve en définitive être le porteur de la stabilisation des prix. L'impact de ces mesures sur le Chiffre d'Affaires, la Marge Brute et le résultat de la SONARA est présenté dans le tableau ci-dessous.

---

[51] Le marché camerounais des produits pétroliers est d'office libéralisé à concurrence de 20 %. Seulement 80 % sont réservés à la SONARA, bien que sa production puisse couvrir entièrement ce marché.

[52] Des réunions sont organisées à cet effet par les pouvoirs publics depuis le mois de septembre 2010.

[53] V. infra, n° 164.

Tableau 5 : Impact de la modification des paramètres sur le chiffre d'affaires, la MB et le résultat (en MFCFA)

ELEMENTS REVISES	2012	2013	2014	2015
SUPPRESSION DEADFREIGHT	-4 260	-6 052	-4 857	*-5 377*
REDUCTION CAE DE 15 A 12 %	-14 341	-13 178	-12 238	*-9 434*
REDUCTION CAE DE 12 A 10 %	-	-	-4 162	*-6 289*
REDUCTION FRAIS CABOTAGE	-	-	-996	*-2 079*
CUMUL ELEMENTS REVISES	**-18 601**	**-19 230**	**-22 253**	**-23 179**

107.- Comme relevé ci-dessus, c'est à tort que le FMI qualifie le CA de subvention au producteur. En français, subvention signifie « Aide financière versée par l'État ou une personne publique à une personne privée, physique ou morale dans le but de favoriser l'activité d'intérêt général à laquelle elle se livre ». Or le CA, dans tous ses sens, est un élément du prix de vente des produits pétroliers raffinés que paient les consommateurs et non l'État. On ne saurait parler de subvention sur une dépense que le consommateur paie au producteur. Par ailleurs, le raffinage et la vente des produits pétroliers ne sauraient être assimilés à une activité d'intérêt général. Enfin, on ne saurait demander à un opérateur économique de vendre en dessous de son prix de revient, comme le FMI l'impose aujourd'hui à la SONARA. Il est arrivé que les prix des produits pétroliers à la pompe contiennent une subvention, mais celle-ci est différente du CA. Elle découle du blocage des prix à la pompe en période de forte montée des coûts du pétrole brut. On parle alors de subvention au consommateur, couramment appelée « manque à gagner »[54]. Nous pouvons voir, à travers le tableau n° 6 ci-dessous, qu'il existe un CA même chez les *Marketers*, sous des appellations différentes, qui ne choque personne et dont le niveau, ramené en valeur

---

[54] V. infra, n° 303 ss.

relative, est supérieur aux taux remis en cause à la SONARA.

Tableau 6 : Détermination du CA des marketers par produit et par période, en FCFA/L de produit et en %

ELEMENTS	MOIS DE MARS 2010			MOIS DE NOVEMBRE 2016		
	SUPER	LAMPANT	GASOIL	SUPER	LAMPANT	GASOIL
PRIX SORTIE SCDP HT	284,95	210,28	305,60	503,02	249,35	462,67
PRIX DETAIL HOMOLOGUE HT	354,63	256,37	361,68	571,08	293,81	517,13
MARGE EN VALEUR ABSOLUE	69,68	46,09	56,08	68,06	44,46	54,46
CA DES MARKETERS EN %	24%	22%	18%	14%	18%	12%

Depuis janvier 2018, le Coefficient d'Ajustement a été supprimé à tort dans la formule de prix sortis raffinerie et remplacé par une marge fixe par litre. Or un CA en valeur relative devrait mieux s'adapter à la conjoncture qu'un CA en valeur absolue ou une marge fixe.

E – La Marge Fixe par litre

108.- La notion de marge est à la fois simple et complexe, et utilisée souvent avec des significations très variées d'un interlocuteur à l'autre, d'une circonstance à une autre. Elle peut traduire une différence entre deux éléments, par exemple le Prix de Vente (PV) et le Coût d'Achat (CA) d'un produit : on parle alors de Marge Commerciale. Cette différence peut aussi s'établir entre le Prix de Vente (PV) et le Coût d'Achat des Matières Premières nécessaires à la fabrication du produit : ici on parlera plutôt de Marge Brute. Cette différence peut enfin s'établir entre le Chiffre d'Affaires Total (CAT), le coût d'achat et l'ensemble des autres charges : on parle alors dans ce cas de Marge Nette. On voit ainsi la nécessité, quand on parle de « Marge », de préciser de laquelle il s'agit. Dans notre cas, on devrait parler de Marge Brute au niveau de la raffinerie, et de la Marge Commerciale au niveau des *Marketers*.

109.- La marge peut être fixe (en valeur) ou variable (en pourcentage). Une marge fixe est intéressante pour la Marge Commerciale, lorsque la plupart des coûts hors achats des produits sont fixes. C'est le cas pour les *Marketers*, dont certains coûts sont par ailleurs dans le périmètre de la distribution. Une marge en pourcentage (variable) est intéressante pour la Marge Brute, où l'essentiel des charges sont variables. C'est le cas pour les Raffineries dont le coût d'achats de pétrole brut, très fluctuant, représente près de 90 % des charges.

110.- Qu'il s'agisse de la Marge Brute, de la Marge Commerciale ou de la Marge Nette, son intérêt est de comparer les entreprises et d'apprécier leur stratégie. Dans une démarche statique, la Marge est rapportée au Chiffre d'Affaires Total (CAT) pour voir le bénéfice que dégage chaque Franc de CAT. Dans une démarche dynamique, la Marge est rapportée au CAT pour révéler à combien il faut vendre chaque unité pour couvrir l'ensemble des charges après achats des matières ou produits, et réaliser un bénéfice.

111.- En marge de toutes ces considérations et une fois de plus avec l'appui du FMI, une Marge fixe a remplacé le CA dans le protocole d'établissement des prix des produits pétroliers du 9 janvier 2018. Ce protocole couvre la période du 1er janvier au 31 décembre 2018. La nouvelle formule s'y présente comme suit :

P = (Prix Parité Import x parité USD) + Marge Fixe, avec

- Prix Parité Import = Prix de Référence + Frais d'approche
- Marge Fixe = 47,88 FCFA/L à TA

Le Gaz de Pétrole Liquéfié (GPL) n'est pas concerné par cette formule. Sa détermination reste inchangée par rapport à ce que nous avons vu jusque-là[55].

112.- Les prix de référence représentent la moyenne mensuelle des Cotations CARGOES MEAN CIF NWE Basis ARA, publiées quotidiennement dans le PLATT'S EUROPEAN MARKETSCAN des produits suivants :

Pour le super	: Pemium unleaded 10 ppm
Pour le pétrole lampant	: Jet A1
Pour le gazole	: Gasoil 0,1 %

L'ensemble des primes (prime d'achat, prime de qualité, marge trader) n'a pas été pris en compte, à tort, afin de simplifier la formule.

113.- En ce qui concerne les Frais d'Approche, ils sont les mêmes que ceux que nous avons montré dans le cadre du CA[56], à l'exception du *Dead Freight* qui en est exclu. Cependant, le texte ajoute dans la formule deux éléments supportés par la SONARA et ne faisant pas partie de l'activité de raffinage, mais plutôt de distribution :

- Pour les livraisons à la SCDP Douala : le coût du cabotage revu annuellement pour équilibrer le bilan cabotage ;
- Pour les livraisons ex Poste de Chargement Camions Citernes de SONARA, 1 FCFA/litre à température ambiante, pour rémunérer les frais d'amortissement, de fonctionnement et de maintenance des installations.

114.- S'agissant de la Marge Fixe, l'élément novateur de cette formule, aucune méthodologie n'est communiquée sur

---

[55] V. supra, n° 96.
[56] V. supra, n° 87 ss.

son mode de détermination. Elle est enveloppée dans un « flou obscur », et resterait ainsi déterminée par tâtonnement. Ceci peut paraître désolant au regard de l'importance de la raffinerie à tous égards. La rentabilité de la raffinerie n'est ni établie, ni assurée. Le marasme qu'a connu la raffinerie depuis 2012 du fait de ces tâtonnements et repris dans le tableau ci-dessous pourrait bien ne pas connaître de dénouement dans ces conditions.

Tableau 7 : Dégradation du résultat et des capitaux propres de la raffinerie (en MFCFA)

	2011	2012	2013	2014	2015
CAPITAL SOCIAL	23 000	23 000	23 000	23 000	23 000
RESERVES REGLEMENTAIRES	10 859	10 859	10 859	10 859	10 859
REPORT A NOUVEAU	57 569	67 257	46 591	14 662	-39 438
RESULTAT NET	9 688	-20 666	-31 930	-54 100	-52 037
ECART DE REEVALUATION IMMOB					**8 040**
TOTAL CAPITAUX PROPRES	**101 116**	**80 450**	**48 521**	**-5 579**	**-49 576**

Section 2 - Le prix de détail homologué

115.- Pour obtenir le prix de détail homologué, il faut ajouter au prix du produit obtenu comme il est dit ci-dessus, les impôts et autres charges gérés au niveau de la SONARA (§ 1), les charges et taxes liées à la SCDP et à la CSPH (§ 2), puis les postes libéralisés de la structure des prix, gérés par les *Marketers* (§ 3).

§ 1 – Les impôts et autres charges gérés au niveau de la raffinerie

116.- Les impôts générés au niveau de la raffinerie sont les Droits de Douane[57], la TVA[58] à la porte et dans une

[57] V. infra, n° 162 ss.
[58] V. infra, n° 243 ss.

certaine mesure la TSPP[59]. Parmi les autres charges, on relève le cabotage Limbé/Douala et le soutien de l'État. Le cabotage Limbé/Douala consiste à transporter par caboteur, les produits pétroliers raffinés de la SONARA à Limbé vers les entrepôts de la SCDP à Douala. Mais le cabotage correspond également à un régime douanier suspensif au sens de la convention de KYOTO[60].

117.- Le soutien de l'État[61] quant à lui vient corriger le prix ex-raffinerie de telle sorte qu'après application des impôts et taxes et prise en compte des autres frais de la chaîne, le prix à la pompe soit égal au prix fixé par le gouvernement. Le tableau n° 3 ci-après donne les écarts moyens entre les prix calculés et homologués des produits blancs pour le premier semestre 2010.

Tableau 8 : MAG moyen sur le premier semestre 2010

Éléments (moyenne)	Super	Pétrole	Gasoil
Prix calculé/litre (1)	323,81	332,42	330,92
Prix homologué/litre (2)	217,44	155,29	236,56
MAG (1)-(2)	106,37	177,14	94,36
MAG en %	32,10 %	52,80 %	27,70 %

[59] V. infra, n° 211 ss.

[60] Le cabotage est un régime douanier applicable aux marchandises qui sont chargées à bord d'un navire en un point du territoire douanier et sont transportées en un autre point du même territoire douanier où elles sont alors déchargées (cf. annexe spécifique E, chapitre 3, du texte des amendements à la convention de KYOTO).

[61] V. infra, n° 297 ss.

§ 2 – Les charges et taxes liées à la SCDP et à la CSPH

118.- Les charges et taxes rattachées à la SCDP et à la CSPH comprennent les redevances portuaires et la TVA y afférente, le passage dépôt et la TVA y relative, le fonds de lutte contre la fraude et la péréquation transport. Le mode de détermination de ces divers frais n'est pas réglementé ; les frais de passage dépôt semblent être calculés uniquement sur la base de l'ensemble des charges contenues dans la Déclaration Statistique et Fiscale de la SCDP, majorés d'un coefficient au titre de sa marge nette (12 % en 2011). Jusqu'en 2008 on retrouvait en outre dans la structure des prix, les frais de coloration du pétrole réseau (0,76 FCFA/L) et ceux du réaménagement du Dépôt de Nsam (2,36 FCFA/L, tous produits confondus) à Yaoundé[62]. Depuis 2009, ils n'en font plus partie. Cependant, la suppression de ces deux postes n'a pas profité aux consommateurs.

119.- On constate qu'avec leur suppression, la valeur de certains postes s'est plutôt accrue. C'est le cas :

- Du passage dépôt, qui passe de 8,41 FCFA/L à 10,09 FCFA/L entre 2008 et 2009, puis à 11,09 en 2010, tous produits confondus, soit un relèvement global de 2,68 FCFA/L.
- De la péréquation transport, qui passe de 36,17 FCFA en 2008 à 41,00 FCFA/L pour le Super à partir de 2009, de 22,60 FCFA/L à 26,00 FCFA/L pour le pétrole, et de 36,49 FCFA/L à 40,50 FCFA

---

[62] Le dépôt de Nsam et Foulan avait été emporté par des flammes quelques années auparavant, suite à un accident d'un train citerne.

pour le Gasoil, pour le dépôt principal, celui de Douala/Bonabéri.

120.- S'agissant des frais de passage dépôt, ils doivent couvrir le fonctionnement optimal de la SCDP et lui assurer un bénéfice. Ils ont été stabilisés à 11,09 FCFA/L tout produits confondus jusqu'en 2011. De 2012 à février 2014, les frais de passage dépôt se sont élevés à 12,45 FCFA/L tout produits confondus, soit un nouveau relèvement de 1,36 FCFA/L sans aucune justification officielle. De mars 2014 à juin 2014, ils ont connu un nouveau relèvement de 0,18 FCFA/L tout produits confondus, toujours non expliqué, pour se situer à 12,63 FCFA/L. À la faveur des mesures de 2014 visant à réduire le soutien de l'État dans les prix des produits pétroliers raffinés, ils ont connu une coupe drastique non expliquée également, de 6,45 FCFA/L tout produits confondus, pour se situer à 6,18 FCFA/L.

121.- Ces frais de passage dépôt seront maintenus à ce niveau jusqu'en février 2015. À partir de mars 2015, ils connaissent un nouveau relèvement non expliqué officiellement, et difficile à comprendre. Le relèvement est en effet de 1,5 FCFA/L pour le Super et pour le Gasoil, passant ainsi à 7,68 FCFA/L. Le pétrole lampant est maintenu à 6,18 FCFA/L. Les frais de passage dépôt ont été maintenus à ce niveau jusqu'en mai 2018. Depuis juin 2018, toujours sans justification officielle, ils subissent une réduction de 0,18 FCFA/L tout produits confondus, pour être ramenés à 6,00 FCFA/L pour le pétrole réseau, et à 7,50 FCFA/L pour le Super et pour le Gasoil.

122.- En ce qui concerne la péréquation transport, rappelons d'abord que la péréquation est un mécanisme de redistribution qui vise à réduire les écarts de richesse donc les inégalités entre les différentes collectivités territoriales. L'article 55 de la Constitution assigne à cet effet à l'État, en son alinéa 4, un objectif de « développement harmonieux de toutes les collectivités territoriales décentralisées sur la base de la solidarité nationale, des potentialités régionales et de l'équilibre interrégional ». Deux mécanismes de péréquation peuvent être distingués :

- La péréquation horizontale qui s'effectue entre collectivités consiste à harmoniser les prix de revient des produits pétroliers à la sortie des différents dépôts secondaires, permettant ainsi de réduire les écarts de prix entre les zones d'approvisionnement éloignées de la raffinerie et les collectivités territoriales éloignées.
- La péréquation verticale qui est opérée entre les produits aux fins d'assurer le maintien de l'équilibre financier entre les centres de distribution.

123.- Dans le cadre de la régulation des prix des hydrocarbures, la CSPH assure une harmonisation des prix appliqués dans les différentes stations-service sur l'étendue du territoire national, à travers un mécanisme dit de "*péréquation de transport*". Lors de la sortie des produits pétroliers des dépôts de la SCDP, la CSPH s'assure que les prix fixés soient les mêmes pour les différentes villes du pays. Sur chaque litre de super, pétrole ou gasoil qui sort du dépôt, il est appliqué une taxe de *"péréquation de transport"* qui est reversée à la CSPH. Ce poste varie d'un dépôt à un autre suivant les distances séparant le dépôt de destination des deux dépôts principaux que sont Douala et Yaoundé. Les distributeurs qui assurent la livraison dans des zones éloignées des grandes villes et des principaux dépôts pétroliers reçoivent une compensation pour maintenir le prix fixé à la sortie du dépôt. La CSPH accorde donc des ressources en fonction de l'éloignement de la zone de distribution. En général, entre ce que les distributeurs reversent à la CSPH, et ce que la

CSPH reverse aux distributeurs au titre de la péréquation, il y a un gap qui alimente le budget général de l'institution.

124.- Les tarifs de la péréquation transport, pour le dépôt principal de Douala/Bonabéri, ont été stabilisés à 41,00 FCFA/L pour le Super, à 26,00 FCFA/L pour le Pétrole réseau, et à 40,50 FCFA/L pour le Gasoil de 2009 à 2012. À partir de janvier 2013, ils sont relevés sans explication officielle de 3,00 FCFA/L pour le Super et le Pétrole réseau, et de 2,50 FCFA/L pour le Gasoil. Ils s'élèvent ainsi à 44,00 FCFA/L pour le Super et le Gasoil, et à 29,00 FCFA/L pour le Pétrole réseau. Dès le 1er août 2013, ils connaissent un nouveau relèvement non expliqué officiellement de 6,00 FCFA/L pour les trois produits. Ils se situent dès cette date à 50,00 FCFA/L pour le Super et le Gasoil, et à 35,00 FCFA/L pour le Pétrole réseau. Ils resteront à ce niveau jusqu'en juin 2014. À partir de juillet 2014, à la faveur des mesures de 2014 visant à réduire le soutien de l'État dans les prix des produits pétroliers raffinés, ils ont connu une légère coupe non expliquée également, de 4,00 FCFA/L sur les trois produits, pour se situer à 46,00 FCFA/L pour le Super et le Gasoil, et à 31,00 FCFA/L pour le Pétrole réseau. Ces tarifs sont stabilisés à ce niveau depuis lors. Les tarifs de la péréquation transport pour les autres dépôts découlent de ceux appliqués à Douala/Bonabéri. Dans son rapport du 30 août 2018 pour les consultations au titre de l'article IV, le FMI préconise un ajustement des frais de péréquation transport. A notre avis, si un réajustement peut être admis, il ne devrait être ni permanent, ni fixe. Il devrait découler des prévisions annuelles de prise en charge des manques à gagner, tel que prévue par le protocole d'établissement des prix ex-SONARA[63].

---

[63] V. infra, n° 310 ss.

125.- À la lumière des évolutions qu'ont connues les frais de passage dépôt et les tarifs de la péréquation transport, l'on a tendance à penser que ces deux postes sont ceux qui ont profité le plus de la réduction à tort du Coefficient d'Ajustement[64] qui, de l'autre côté, pénalisait la raffinerie[65]. Pendant ce temps, le FMI continue de penser, dans son rapport du 30 août 2018, que la viabilité financière de la SONARA « est entravée par des prix de détail nationaux fixes et depuis 2017, inférieurs aux coûts domestiques de vente de carburant ».

§ 3 – Les postes *libéralisés* de la structure des prix

126.- Ce sont des postes gérés par les *Marketers*. Ils regroupent les frais généraux, les frais financiers, le coulage sur produits finis, le bénéfice, l'amortissement et l'entretien, la marge revendeur et les frais de livraison ville avec la TVA y afférente. À cela se sont ajoutés, depuis 2018, les droits de Douane et les Honoraires d'Agréé en Douane.

127.- Les frais généraux se composent de tous les coûts de fabrication autres que les matériaux directs et la main d'œuvre. Les frais généraux sont fixes ou variables. Les frais fixes correspondent aux charges structurelles liées à l'existence de l'entreprise. Ils ne varient pas en fonction du niveau de l'activité. Ils sont dus, quel que soit le niveau de la production ou du chiffre d'affaires. Parmi ces charges fixes, on recense notamment : le loyer commercial, les assurances, les salaires du personnel administratif, les honoraires, etc. Le terme loyer regroupe à la fois les loyers résultant de la location de bien immobilier et ceux occasionnés par des locations financières. Les frais généraux variables sont constitués par les frais indirects

---

[64] V. supra, n° 105 ss.

[65] V. supra, n° 114, Tableau n° 7.

fluctuant selon le niveau de production. Parmi eux, on peut citer : les fournitures de fabrication, les rémunérations indirectes (magasinier, homme d'entretien…) ainsi que les frais de fonctionnements (électricité, gaz, taxes…), les frais d'entretien et de réparation des locaux et du matériel, etc. Nous verrons plus loin que certaines de ces composantes reviennent distinctement dans la structure des prix.

128.- Au sens de l'article 7 A du CGI, les frais généraux regroupent les dépenses de personnel et de main d'œuvre, les dépenses relatives aux locaux, matériels et mobiliers, les frais divers et exceptionnels, les primes d'assurance, les libéralités, dons et subventions. Dans la structure des prix des produits pétroliers, ils sont fixes et ont été stabilisés de 2008 à février 2014 à 22,60 FCFA/L pour le Super, 10,49 FCFA/L pour le Pétrole, 14,71 FCFA/L pour le Gasoil. À la faveur des mesures de 2014 visant à réduire le soutien de l'État dans les prix des produits pétroliers, ils ont connu une première réduction en mars 2014. Ils se sont ainsi élevé à 22,42 FCFA/L pour le Super, 10,31 FCFA/L pour le Pétrole, 14,53 FCFA/L pour le Gasoil, jusqu'en juin 2014. Depuis juillet 2014, ils s'élèvent à 20,42 FCFA/L pour le Super, 8,31 FCFA/L pour le Pétrole, 12,53 FCFA/L pour le Gasoil. Les charges découlant d'autres produits pétroliers tels le gaz, les lubrifiants, le fioul, le Jet A1... doivent être exclues lors du calcul de ces frais généraux. Mais rien ne permet de s'assurer de cette exclusion. Cependant, dans son rapport du 30 août 2018 pour les consultations au titre de l'article IV, le FMI préconise un ajustement de ces frais. Nous espérons que cet ajustement se fera à la baisse.

129.- Les frais financiers sont des frais liés aux emprunts financiers contractés par une entreprise. Ils comptabilisent ainsi la totalité des charges versées par l'entreprise à ses banques. Ces intérêts peuvent être dus suite à un emprunt de grande envergure ou un simple découvert bancaire. Le montant des frais financiers est donc directement corrélé au mode de financement de l'entreprise. Plus cette dernière privilégie les capitaux propres pour financer ses investissements, plus l'entreprise verra ses frais financiers limités. Au contraire, une société fortement endettée pourra voir ses marges de manœuvre fortement réduites à cause d'un résultat financier très déficitaire.

130.- Les frais financiers auraient été introduits dans la structure des prix des carburants pour couvrir l'obligation de constituer en permanence des stocks-outils équivalents à 15 jours de consommation à laquelle l'État astreint les distributeurs afin de se prémunir contre les pénuries. Sachant que ce stock outil peut être quantifié et valorisé avec précision, que les taux d'intérêt des banques sont régulièrement publiés, les frais financiers ainsi admis peuvent être déterminés avec exactitude et nous serons en deçà de ceux retenus dans la structure des prix. Sous un autre angle, les *Marketers* achètent à crédit et vendent en général au comptant ; ils devraient ainsi se trouver plutôt en situation de trésorerie positive ne nécessitant pas de recours importants aux facilités bancaires. Ces frais supportent en outre la TVA, alors qu'ils devraient être considérés comme des remboursements de frais exclus de l'assiette[66]. À travers ce traitement fiscal, les parties semblent admettre qu'il n'en est rien, et que ces frais constituent de simples recettes additionnelles forfaitaires au litre.

131.- Les frais financiers ont fait l'objet de nombreux débats au niveau de la Commission de Réforme Fiscale et Douanière de 2007. Les *Marketers* voulaient en effet que ces frais soient relevés, sans toutefois développer toute l'argumentation nécessaire à cet effet. De 2008 à juin 2014, les frais financiers ont été stables à 6,45 FCFA/L pour le

[66] CGI, art. 137 (3).

Super, 5,07 FCFA/L pour le Pétrole, 6,00 FCFA/L pour le Gasoil. Ces frais financiers qui devraient être uniformes pour l'ensemble des produits nous paraissent élevés. À partir de juillet 2014, à la faveur des mesures de 2014 visant à réduire le soutien de l'État dans les prix des produits pétroliers raffinés, ils ont connu une légère coupe non expliquée de 1,00 FCFA/L sur les trois produits. Ils s'élèvent depuis juillet 2014 à nos jours à 5,45 FCFA/L pour le Super, 4,07 FCFA/L pour le Pétrole, 5,00 FCFA/L pour le Gasoil.

132.- Le coulage[67] correspond, dans les structures des prix des produits pétroliers, à la compensation des pertes d'exploitation subies, soit au dépôt, soit au cours du transport desdits produits vers les stations-service. Or ces pertes doivent être couvertes par des assurances soit à la charge de la SCDP, soit à la charge des *Marketers*. Dans ce dernier cas, elles font normalement partie des frais généraux tels que présentés ci-dessus[68]. Leur présence ici serait par conséquent un double emploi.

133.- Le coulage est resté stable depuis 2008, à 0,86 FCFA/L pour l'ensemble des produits. Or le niveau de coulage dépend aussi de la densité du produit. Les trois produits blancs concernés ayant des densités différentes, les frais de coulage, lorsqu'ils sont acceptés, devraient s'y référer. Dans la situation courante, les pertes de transport semblent être encouragées et légalisées. L'Administration Fiscale semble pourtant consciente de cela, si l'on s'en tient au fait qu'elle soumet ces frais à la TVA. Elle les considère donc paradoxalement comme une valeur ajoutée alors qu'il devrait s'agir de remboursement de frais, exclus de

[67] V. supra, n° 132s.
[68] V. supra, n° 127s.

l'assiette[69]. Il nous semble logique de considérer que les frais de coulage sont déjà compris dans les frais de livraison ville, au cas où l'on se refuserait de considérer qu'ils font partie des frais généraux. Dans son rapport du 30 août 2018 pour les consultations au titre de l'article IV, le FMI préconise également un ajustement des frais de coulage. Nous espérons que cet ajustement se fera à la baisse.

134.- La Marge revendeur correspondrait à la rémunération des gérants libres de stations-service. La gérance libre des stations-service est en voie de disparition, et cède la place à une gérance totale en prête-nom. Aucune méthode n'ayant été communiquée pour la détermination de cette Marge revendeur, il est à se demander si son objet n'avait pas été pris en compte dans la détermination des frais généraux. Elle a connu une augmentation non justifiée officiellement de 1 FCFA par litre depuis 2009 ; elle passe ainsi de 15 FCFA/L à 16 FCFA/L pour le super, de 11 FCFA/L à 12 FCFA/L pour le pétrole et de 12 FCFA/L à 13 FCFA/L pour le gasoil. Elle est stabilisée à ce niveau depuis lors. Cette marge revendeur fait double emploi avec le bénéfice ci-dessous, dans la mesure où les stations-service sont, dans la plupart des cas, gérées directement par les *Marketers* eux-mêmes.

135.- Le bénéfice représente la rémunération des investissements mis en œuvre par les *Marketers* tels que le développement du réseau de stations-service et autres installations de distribution. Il est stable depuis 2008, avec 9,19 FCFA/L pour le Super, 5,06 FCFA/L pour le pétrole et 9,19 FCFA/L pour le Gasoil. Le bénéfice et la marge

---

[69] CGI, art. 137 ; les travaux réalisés dans les Services du Premier ministre en novembre 2010 n'ont pas permis de réparer cette erreur en 2011.

revendeur sont normalement des éléments du chiffre d'affaires, qui devraient supporter la TVA[70] de distribution.

136.- Les frais de livraison ville sont des frais de transport engagés pour assurer l'acheminement des produits pétroliers des dépôts vers les différents points de vente, sur un rayon de 25 km autour dudit dépôt. Ils pourraient se confondre à la péréquation transport. Les frais de livraison ville sont également stables depuis 2008, et uniformes sur l'ensemble des produits, soit 8,08 FCFA/L.

137.- L'amortissement et l'entretien représentent les montants alloués à l'amortissement, voire au renouvellement de la construction et à l'entretien des stations-service. Or tel qu'expliqué ci-dessus, l'entretien est un élément normal des frais généraux[71]. Ces frais augmentent sans raison apparente entre 2008 et 2009, et passent de 5,50 FCFA/L à 6,50 FCFA/L pour le Super, de 3,53 FCFA/L à 4,53 FCFA/L pour le Pétrole, et de 3,24 FCFA/L à 4,24 FCFA/L pour le Gasoil.

138.- Les Droits de Douane et la TVA y afférente font dorénavant partie des postes libéralisés. En effet, depuis février 2018, la rubrique « Droits de douane » qui occupait la ligne n° 2 de la structure des prix a été déclassée de la partie haute de cette structure à la partie libéralisée de ladite structure, où elle occupe la ligne n° 9. Ce déclassement ne nous paraît pas fondé, les Droits de douane n'étant pas un élément libéralisé. En effet, le fait de prévoir que « ... *les Marketers qui achètent des produits pétroliers raffinés localement procèdent par eux-mêmes et sous leur responsabilité à la validation des déclarations en détail y afférentes...* » ne fait pas des droits de douane dus, un poste de distribution. Il va sans dire que le fait générateur des droits de Douane est la livraison des produits par la

---

[70] CGI, art. 136 (3).

[71] V. supra, n° 127.

SONARA, tandis que leur enlèvement à la SCDP déclenche l'exigibilité desdits droits.

139.- Il n'est plus besoin de rappeler que les droits de douane sont incorporables au coût d'achat, au même titre que la TVA due sur l'ensemble à la sortie raffinerie. Le texte enlève simplement à la SONARA son rôle traditionnel de collecteur de droits de douane, comme cela a été le cas avec la Taxe Spéciale sur les Produits Pétroliers (TSPP). Les différents éléments d'imposition des produits pétroliers (TSPP, TVA, Droits de Douane) étant exigibles à la sortie SCDP, ils ne sauraient se retrouver plus bas que dans la deuxième partie de la structure des prix réservée au passage dépôt SCDP. Ce principe a été respecté avec la TSPP lorsqu'elle a été déclassée de la première partie de la structure à la seconde partie. Par contre, ce principe est bafoué en ce qui concerne les droits de douane comme relevé plus haut.

140.- De plus, la TVA sur produits pétroliers non déductible par nature, est désormais éclatée en TVA sur prix du produit (augmenté de la marge fixe) à la ligne n° 3 de la structure et TVA sur droits de douane, à la ligne n° 11 de la structure. Cette ligne est intitulée « TVA sur distribution » et génère une TVA déductible pour les *Marketers*. Ceux-ci seraient ainsi fondés à réclamer le remboursement des crédits de TVA qu'elle induirait. Or en ce qui concerne les produits pétroliers, la TVA d'amont (celle payée au cordon douanier) ne constitue pas une TVA déductible comme en droit commun ; elle est plutôt un élément du coût d'achat, tel que prévue par les règlements CEMAC et reprise dans nos contributions antérieures.

141.- Toute la TVA (sans éclatement) devrait ainsi demeurer au niveau sortie raffinerie comme par le passé. Seuls les droits de Douane pourraient être décalés au niveau de la SCDP, comme c'est le cas avec la TSPP. En effet, il convient de rappeler qu'ici le fait générateur est la livraison des produits pétroliers par la SONARA, l'exigibilité naissant de l'enlèvement desdits produits à la SCDP. De plus, la circulaire du DGD précise que *les modalités de liquidation et de perception de la Taxe sur la Valeur ajoutée (TVA) et de la Taxe Spéciale sur les Produits Pétroliers (TSPP) demeurent inchangées*. Le traitement décidé par la CSPH constitue un pur cadeau fiscal que nous récapitulons dans le tableau ci-dessous.

Tableau 9: TVA déductible créée sur DD (en FCFA/L)

PERIODE	PRODUITS		
	SUPER	PETROLE RESEAU	GASOIL
JANVIER 2018	0,00	0,00	0,00
FEVRIER 2018	2,71	2,93	2,91
MARS 2018	2,71	2,90	2,84
AVRIL 2018	2,53	2,86	2,72
MAI 2018	2,79	2,95	2,88
JUIN 2018	3,02	3,21	3,11
JUILLET 2018	3,16	3,30	3,26
CUMUL PAR LITRE	16,92	18,16	17,73

142.- En multipliant ces montants par les volumes de produits vendus, on obtient le « cadeau fiscal » offert aux *Marketers* à travers les nouvelles structures de prix (près de trois milliards de FCFA à fin juillet 2018). Ce « cadeau fiscal » se traduit pour eux par une économie directe de trésorerie ; il se traduit pour le Trésor public par une perte directe de trésorerie ou un crédit de TVA à payer, sachant les difficultés que ce dernier éprouve déjà à faire face aux crédits de TVA réels jusque-là connus.

143.- Il convient par ailleurs de souligner que le pétrole réseau (ou pétrole lampant) est un produit de première nécessité exonéré du droit de douane et de la TVA. Son assujettissement à ces deux impositions ici ne peut qu'alourdir le Manque à Gagner supporté par l'Etat, et extraire les *Marketers* du mécanisme du prorata de déduction de la TVA auquel ils sont normalement soumis[72].

144.- Enfin, les honoraires d'Agréé en Douane (HAD) constituent la dernière rubrique intégrée dans les postes libéralisés de la structure des prix des produits pétroliers depuis juin 2018. Ils rentrent dans la base taxable à la TVA. Les HAD représentent la rémunération versée au Commissionnaire en Douane Agréé (CDA) en contrepartie de sa prestation de dédouanement. Ils sont distincts des frais de dossier, des commissions sur débours, des commissions sur transit... Ils se facturent normalement suivant un barème établi par la Douane à partir de la valeur de la marchandise. Le tableau ci-dessous récapitule ce barème.

Tableau 10 : Mode d'évaluation des HAD

Valeur de la marchandise	**Montant des HAD**
Moins de 01 million	50 000 FCFA
Entre 01 et 02 millions	80 000 FCFA
Entre 02 et 06 millions	163 000 FCFA
Entre 06 et 10 millions	240 000 FCFA
Au-delà de 10 millions	245 000 FCFA + 0,5 % de la valeur CIF

145.- Dans le cas des produits pétroliers, la structure des prix les a retenus pour un montant fixe de 0,18 FCFA/L tout produits confondus. Lorsqu'on les ramène en valeur relative, les HAD se situent en moyenne à 0,05 % de ce qu'il serait convenu d'appeler leur valeur CIF. De prime abord, ce taux devient intéressant, du moment où il se situe en dessous du plafond prévu par le barème de la Douane.

[72] V. infra, n° 252 ss.

Cependant, la Loi de Finances pour l'exercice 2018 prévoit, en son article deuxième, point 5 i), que *les Marketers qui achètent des produits pétroliers raffinés localement procèdent par eux-mêmes et sous leur responsabilité, à la validation des déclarations en détail y afférentes*. La circulaire n° 004/MINFI/DGD du 4 janvier 2018 précisant les modalités d'application de cette loi rajoute que les *Marketers peuvent aussi recourir aux services des commissionnaires en douane agréés moyennant la négociation d'un barème d'honoraires dérogatoires à la pratique consacrée, sous réserve de la validation préalable de leur taux par le Directeur général des Douanes. Ils peuvent également recourir aux services de la Direction Générale des Douanes dans le cadre d'un accord conclu conformément à l'article 4 du Code des Douanes CEMAC*. Ce rajout n'était pas nécessaire. Il constitue un cadeau financier que les *Marketers* ont volontiers arraché. Pour essayer de se rattraper et obtenir une justification légale, l'administration des douanes a introduit dans le projet de Loi de Finances pour l'exercice 2019, en son article sixième, le principe de non cumul des professions d'importateur/exportateur et de commissionnaire en douane agrée. Ainsi, les sociétés ou groupes de sociétés qui sont dans cette situation de cumul disposeront d'un délai d'un an pour compter de la promulgation de ladite Loi de Finances pour se conformer. La violation de ces nouvelles dispositions expose le contrevenant à un retrait des agréments et à une amende égale à 50 % du chiffre d'affaires réalisé illégalement.

TITRE DEUXIÈME

LES INSTRUMENTS FISCAUX RELATIFS AUX PRODUITS PÉTROLIERS

146.- Le Cameroun compte une multitude d'instruments fiscaux qui participent à la politique publique du pays, en contribuant au financement des dépenses publiques et à la redistribution des revenus. Mais ce nombre se rétrécit très rapidement lorsqu'il s'agit des produits pétroliers. Il se limite :

- aux Droits de Douane (chapitre 1) ;
- à la Taxe Spéciale sur les Produits Pétroliers (chapitre 2) ;
- à la Taxe sur la Valeur ajoutée (chapitre 3).

CHAPITRE 1

LES DROITS DE DOUANE

147.- En sa qualité de membre de la Communauté Économique et Monétaire de l'Afrique Centrale (CEMAC), le Cameroun applique le Code et le Tarif des Douanes de la CEMAC. Également en sa qualité de membre de cette communauté, le Tarif Préférentiel (TP) de la Communauté Economique des Etats de l'Afrique Centrale (CEEAC) est entré en vigueur au Cameroun depuis le 1er janvier 2018[73]. Conformément à la loi tarifaire et dans les conditions prévues par la législation douanière, les marchandises à l'importation ou à l'exportation sont soumises à un impôt dénommé droit de douane. Dans l'optique de la détermination de cet impôt, les principes généraux (section 1) sont exposés dans le code des douanes. Mais l'application aux produits pétroliers relève de régimes particuliers (section 2).

Section 1 – Les principes généraux de la réglementation

148.- Les lois et règlements douaniers doivent être appliqués sans égard à la qualité des personnes. Les marchandises importées (§1) ou exportées (§2) par les États ou pour leur compte ne font l'objet d'aucune immunité ou dérogation. Divers régimes douaniers sont susceptibles de leur être assignés.

[73] Loi de Finances pour l'exercice 2018, article deuxième, n° 23.

§ 1 – À l'importation

149.- À l'importation, le droit de douane est destiné à protéger la production nationale en alignant les prix des produits venant de l'étranger sur les cours du marché intérieur. Pour ce faire, deux catégories de régime sont susceptibles d'être assignées aux marchandises à l'importation :

- le régime général : la mise à la consommation (A)
- les régimes particuliers ou suspensifs (B)

A - Le régime général : la mise à la consommation

150.- La mise à la consommation est le régime douanier le plus couramment usité. Mettre une marchandise à la consommation signifie :

- accomplir les formalités,
- acquitter les droits et taxes auxquels l'importation est subordonnée pour pouvoir disposer de cette marchandise sur le marché intérieur.

En règle générale, les marchandises mises à la consommation sont libérées de toutes sujétions douanières. Celles qui sont prohibées à l'entrée ne peuvent être mises à la consommation, sauf dérogation prévue par les règlements.

151.- Sous réserve des Accords de Partenariat Economiques (APE)[74], les marchandises qui entrent sur le

[74] L'APE intérimaire UE-Afrique centrale a été conclue le 17 décembre 2007. Il a été signé par l'UE et le Cameroun le 15 janvier 2009. Le Cameroun a ratifié l'APE et a notifié sa décision à l'UE le 25 juillet 2014. L'accord devait entrer en application le 4 août 2014. Cette application sera confirmée lorsque tous les États membres de l'UE auront achevé leurs processus de ratification. Le Parlement européen a déjà approuvé l'accord en juin 2013. Finalement,

territoire douanier sont passibles des droits d'importation inscrits au tarif des douanes. Ce dernier est constitué dans ce sens, du droit de douane (0 % à 30 % selon la catégorie et le type de produit) et de la Taxe Communautaire d'Intégration (1 % pour les importations hors CEMAC). Outre le Droit de Douane, il est perçu des droits sans rapport avec le tarif douanier : Droits d'Accises (25 %), TVA (17,5 %), Centimes Additionnels Communaux (10 % de la TVA, avec des applications variables suivant les villes[75]), Précompte[76], OHADA (0,05 % pour les importations hors CEMAC), Redevance informatique (0,45 % pour les importations domiciliées auprès des bureaux informatisés),

---

l'accord est entré en application en août 2016. Voir aussi le décret n° 2016/367 du 3 août 2016 sur les règles d'origine.

[75] En général part Douane à 1 % des CAC ; part FEICOM à 9 % pour Douala et Yaoundé et 6,48 % pour les autres villes ; Part Communes Urbaines/Communes Rurales à 2,52 % (sauf Douala et Yaoundé).

[76] Jusqu'en 2010, son taux était de 1 % ou 5 % selon la présentation ou non de la carte de contribuable. La Loi de Finances pour l'exercice 2016 fait un réaménagement complet d'imposition dont les taux fixes sont les suivants :

- 15 % du montant des opérations, pour les contribuables ne relevant pas d'un du fichier d'un centre des impôts et effectuant des opérations d'importation ;
- 20 % du montant des opérations pour les contribuables ne relevant pas du fichier à l'occasion des ventes sous douane de marchandises importées ;
- 10 % du montant des opérations effectuées par les contribuables non importateurs et ne relevant pas du fichier ;
- 10 % du montant des opérations pour les contribuables relevant du régime de l'impôt libératoire et effectuant des importations ;
- 5 % du montant des opérations effectuées, pour les commerçants relevant du régime simplifié ;
- 5 % du montant des opérations, pour les contribuables relevant de l'impôt libératoire ;
- 2 % du montant des opérations, pour les commerçants relevant du régime du réel.

la Taxe Communautaire d'Intégration (0,60 %), la Contribution Communautaire d'Intégration (0,40 % de la valeur imposable des marchandises déclarées, provenant des pays hors CEEAC)[77], Taxe d'Inspection Sanitaire Vétérinaire (3 % ou spécifique par tête), Taxe phytosanitaire (50 FCFA par tonne), droit de magasinage (suivant arrêté n° 272/MINFI/D du 26 mars 1980), redevance des Droits d'Auteurs et droits voisins (5 %), Droits de sortie hors bois (0 % - 2 % - 5 %), Droits de sortie sur le Bois (30 %), Surtaxe à l'Exportation pour le Bois (variable selon les essences), Prélèvement à l'Exportation pour le Bois (5,65 %).

B - Les régimes particuliers ou suspensifs

152.- La législation douanière prévoit un certain nombre de régimes qui ont pour objet :

- soit d'éviter l'application des droits de douane et des autres taxes aux marchandises qui seront réexportées par la suite ;
- soit de différer cette application jusqu'au moment de la mise à la consommation des marchandises importées.

153.- Ces régimes, qui permettent également de suspendre l'application des mesures de prohibition (étant entendu que les marchandises doivent être obligatoirement réexportées s'il ne peut pas être dérogé à la prohibition qui les frappe dans les conditions prévues par les règlements) sont les suivants :

- Le transit[78], qui permet de transporter des marchandises sous douanes en suspension des droits,

---

[77] Décision n° 29/CEEAC/CCEG/XIII/07 du 30 octobre 2007, instituant une Contribution Communautaire d'Intégration.
[78] Article 158ss du Code des Douanes CEMAC.

taxes ou prohibitions, soit à destination soit au départ d'un point déterminé du territoire douanier. Dans la foulée, on parlera de Transit en suite de mise en entrepôt de Stockage (Code 8070), d'Exportation définitive en suite de Transit (Code 1080), de Réexportation en suite de Transit (Code 3080), de Mise à la consommation en suite de Transit (Code 4080).

- L'admission temporaire[79] qui permet de recevoir dans le territoire douanier, en suspension totale ou partielle des droits et taxes à l'importation, certaines marchandises importées dans un but défini et destinées à être réexportées dans le délai fixé, soit en l'état, soit après avoir subi une réparation ou une ouvraison déterminée. L'admission temporaire peut être normale (Code 5000), spéciale (Code 5200), pour perfectionnement actif (Code 5100).

- L'entrepôt[80] qui permet de placer dans un local, soumis au contrôle de la douane, des marchandises en suspension de tous droits, taxes et prohibitions en vue de leur réexportation ou de leur mise à la consommation ultérieure. L'entrepôt peut être destiné au stockage (Code 7000) ou à la transformation (Code 7100). On distingue ainsi l'entrepôt de Stockage en suite d'Admission Temporaire Normale (Code 7050), l'entrepôt de Stockage en suite d'Admission Temporaire pour Perfectionnement Actif (Code 7051), l'entrepôt de Stockage en suite d'Admission Temporaire Spéciale (Code 7052), l'entrepôt de Transformation en suite d'Admission Temporaire Normale (Code 7150), l'entrepôt de Transformation en suite d'Admission Temporaire

[79] Article 202ss du Code des Douanes CEMAC.
[80] Article 171ss Code des Douanes CEMAC ; infra, n° 199s.

pour Perfectionnement Actif (Code 7151), l'entrepôt de Transformation en suite d'Admission Temporaire Spéciale (Code 7152), la Mutation d'entrepôt de Transformation vers un entrepôt de Stockage (Code 7071) ou la Mutation d'entrepôt de Transformation tout court (Code 7070).

- Le régime de l'usine exercée[81] qui permet également, sous surveillance de l'Administration, la mise en œuvre ou la fabrication de produits en suspension totale ou partielle des droits et taxes dont ils sont passibles.
- Tout autre régime hybride crée par les lois nationales telles que le régime de l'entrepôt de transformation/stockage institué par la Loi de Finances pour l'exercice 2018 au Cameroun.

154.- Ces régimes permettent également aux exportateurs de produits nationaux de bénéficier des avantages alloués à l'exportation alors que les produits n'ont pas encore quitté le territoire national.

§ 2 - À l'exportation

155.- Les marchandises qui sortent du territoire douanier sont passibles des droits de sortie. Dans ce cas, le Droit de Douane est supposé assurer la protection du consommateur national en freinant la sortie des produits qui sont fortement demandés sur les marchés extérieurs. Il doit ainsi éviter que ne se crée sur le marché intérieur une situation de pénurie génératrice de hausse des prix. De même, le droit de sortie peut viser à encourager la transformation sur place de certaines matières premières frappées par ce droit.

156.- Le Code des Douanes laisse la possibilité au gouvernement de chaque État d'organiser les exportations

[81] Article 197 CD UDEAC, infra, n° 159 ss.

à l'intérieur de son territoire. D'une manière générale, la valeur à déclarer est celle de la marchandise au point de sortie à la date d'enregistrement de la déclaration au bureau de douane, majorée le cas échéant, des frais de transport jusqu'à la frontière, mais non compris le montant des droits de sortie, des taxes intérieures et charges similaires dont il a été donné décharge à l'exportateur[82].

157.- L'instruction ministérielle n° 106/CF/MINEFI/DI/DD du 31 juillet 1998 organise la procédure d'exportation des produits manufacturés en général sous le régime de la TCA/TVA[83]. La procédure particulière d'exportation des produits pétroliers est supposée faire l'objet de l'instruction ministérielle n° 01539/MINEFI/D du 17 juillet 2000. Son application a posé de nombreux problèmes[84]. Ses dispositions sont réaménagées par la Loi de Finances pour l'exercice 2018 et la circulaire n° 004/MINFI/DGD du 4 janvier 2018 du Directeur général des Douanes, précisant les modalités d'application de certaines dispositions de ladite loi en ce qui concerne la fiscalité de porte.

Section 2 – Les régimes particuliers relatifs aux Produits Pétroliers

158.- Les régimes particuliers relatifs aux produits pétroliers concernent l'usine exercée pour la SONARA (§ 1), l'entrepôt de transformation/stockage à la SONARA (§ 3) et l'entrepôt fictif pour la SCDP (§ 4). Mais au paravent, la SONARA aura connu un bref passage dans un régime mitigé de droit commun (§ 2).

---

[82] Article 27 CD.

[83] V. infra, n° 240 ss.

[84] V. infra, n° 275 et 289.

§ 1 – L'usine exercée à la SONARA

159.- Le régime de l'usine exercée n'a pas particulièrement retenu l'attention des rédacteurs du Code des Douanes de la CEMAC. Sa mise en œuvre s'inspire de la pratique occidentale. Nous en présentons tour à tour les principes (A), l'assiette et la liquidation des droits de douane (B) puis la déclaration et l'exigibilité desdits droits (C).

A - Principes

160.- L'usine exercée est un établissement ou une installation qui, ayant pour objet de permettre l'extraction, la fabrication, la mise en œuvre ou l'utilisation de produits auxquels s'appliquent :

- soit un régime douanier particulier ;
- soit une taxe ou redevance perçue par la douane ;
- soit un avantage douanier ou fiscal sous conditions d'emploi à certains usages ;
- soit d'autres dispositions dont l'application incombe, en tout ou en partie, à l'administration des douanes ;

se trouve, de fait, placé sous le contrôle de celle-ci.

161.- Les autorisations d'exportation sont accordées par voie réglementaire. La réglementation applicable à ces usines et les obligations auxquelles seront astreints les exploitants doivent être conformes aux actes du Comité de Direction de la CEMAC. Le législateur, en accordant ce régime douanier privilégié à la SONARA, a tenu compte de l'éventualité où la taxation des marchandises selon leur espèce au moment de leur importation aboutit à une imposition supérieure à celle qui serait économiquement justifiée.

162.- Le pétrole brut importé était normalement placé sous acquit D11 lors de la mise sous ce régime. Mais depuis 2005, le système SYDONIA a été introduit sous la pression du FMI. Ce système semble avoir été développé dans un contexte différent de celui de la CEMAC. Il utilise certaines expressions propres, en leur donnant parfois une signification différente de celle des mêmes expressions contenues dans le Code des Douanes de la CEMAC. C'est ainsi qu'il introduit des formes et formules de déclaration non prévues par le Code des Douanes[85]. Le formulaire D11 a été ainsi remplacé par la déclaration IM 7100[86], « entrée directe en entrepôt de perfectionnement »[87]. Plus tard, ce formulaire sera appelé « Mise en entrepôt de Transformation ». Les produits transformés livrés à la consommation à la sortie de la SONARA sont considérés comme importés. La SONARA a ainsi le statut d'une

[85] V. décision n° 23/66 du 13 avril 1966 du Secrétaire général de l'Union fixant la forme des déclarations de Douanes, les énonciations qu'elles doivent contenir, les documents qui doivent y être annexés et les conditions dans lesquelles peut avoir lieu l'examen préalable des marchandises. Les formules de déclaration ont ainsi fait l'objet des décisions n° 24/66, 25/66 et 26/66 du 13 avril 1966 ; puis ont suivi les décisions n° 214/67, 215/67, 216/67, 217/67, 218/67, 219/67, 220/67, 221/67, 222/67, 223/67 et 224/67, toutes du 1er septembre 1967.

[86] Le système SYDONIA, qui a été également implanté au Gabon durant la même période toujours sous la pression des bailleurs de fonds internationaux, aurait dû être précédé par une révision du Code des Douanes de la CEMAC. À défaut de cela le système, qui n'est qu'une automatisation de la Douane, aurait dû se conformer aux dispositions de ce même Code.

[87] Il convient de souligner qu'il est difficile d'assimiler le raffinage au perfectionnement tant actif que passif, tel que régi par les articles 204 à 248 du Code des Douanes de la CEMAC, et l'annexe spécifique F du texte des amendements à la Convention de Kyoto. Cela peut expliquer l'évolution qu'a connue l'appellation de ce formulaire, en devenant Mise en Entrepôt de Transformation.

entreprise étrangère. Ses produits sont soumis aux droits et taxes dont la perception incombe aux services des douanes.

163.- Le régime de l'usine exercée, tel que décrit ci-dessus, découle de la Loi française du 16 mars 1928, portant révision du régime douanier des produits pétroliers. Cette loi a été abrogée en France par la loi n° 92-1443 du 31 décembre 1992 portant réforme du régime pétrolier avec la mise en place du marché unique européen en 1992. Mais la législation douanière d'antan a été quasiment reconduite telle qu'elle en 1992.

164.- Ce régime avait été retenu dans les anciens Codes des Douanes sans y être développé. Depuis 2003, le nouveau Code des Douanes ne parle plus des usines exercées. Elles ont été remplacées par le régime des industries de transformation, sans développement particulier non plus. Mais sur le terrain, aucun changement n'a été noté dans les rapports entre la SONARA et l'Administration des Douanes. Tout se déroule selon les principes de l'usine exercée en ce qui concerne les achats de pétrole brut. En 2011, les pouvoirs publics ont décidé de reverser la SONARA au droit commun[88], sans s'intéresser à ce qui se passerait au niveau du cabotage et de la SCDP ; l'Administration semble guidée par le seul souci d'augmentation de ses recettes. La SONARA a ainsi été la première raffinerie de la francophonie à fonctionner selon les règles de droit commun dès janvier 2012[89]. Comme cela était prévisible, cette décision s'est avérée être une erreur[90].

---

[88] V. infra, n° 169 ss.

[89] Loi n° 2011/020 du 14 décembre 2011 portant Loi de Finances de la République du Cameroun pour l'exercice 2012, article troisième.

[90] V. infra, n° 173 ss.

B - Assiette et liquidation des Droits de Douane

165.- L'ordonnance n° 94/004 du 16 février 1994 portant fiscalité des produits pétroliers institue en effet, en son article 2, un droit de douane. Ce droit frappait l'essence super et le gasoil importés ou produits au Cameroun au taux de 15 %. Depuis la Loi de Finances pour l'exercice 2005, ce taux a été ramené à 10 % pour se conformer à la réglementation de la CEMAC. Les droits ainsi liquidés sont facturés aux acquéreurs de produits pétroliers non exemptés, et recouvrés en même temps que le prix du produit (entre trente et quarante-cinq jours de crédit). Pour la forme, un bulletin de liquidation arrêté d'accord parties entre la Douane et la SONARA est émis au moment où cette dernière devra procéder à la déclaration des droits.

166.- Si la perception du droit de douane à l'importation du produit fini ne pose pas de problème, elle semble heurter les usages lorsqu'il s'agit des produits raffinés localement. Ceci découle simplement de l'application des textes relatifs au régime de l'exercice. Le paiement des droits de douane incombe aux distributeurs. Ces droits étaient exigibles à la sortie des entrepôts de la SCDP (mais collectés par la SONARA). Pourtant, la procédure mise en place par le comité de pilotage du projet SYDONIA a considéré que les expéditions vers la SCDP, initialement placées sous D24 avec suspension des droits et taxes, sont des mises à la consommation placées sous IM4070 avec taxes. En ce qui concerne les livraisons directes effectuées à la SONARA, les distributeurs doivent, avant l'enlèvement des produits, se conformer à la réglementation douanière prévue pour les enlèvements directs.

167.- Il convient de souligner que l'institution du Droit de Douane sur l'essence super et le gasoil raffinés et non sur le brut, se justifie aussi par la volonté du législateur de ne pas fiscaliser certains produits tels que le pétrole lampant ou le gaz domestique[91]. En effet, si le droit de douane est plutôt institué sur le pétrole brut, il se répercutera automatiquement sur l'ensemble des produits pétroliers raffinés. Il faudrait alors engager des opérations complexes non réglementées, pour défiscaliser les biens de première nécessité que sont le pétrole lampant et le gaz domestique. Mais en décembre 2003, contre toute attente, le gaz domestique a été soumis au droit de douane.

168.- L'arrêté n° 00526/MINEFI/CSPH du 28 novembre 2003 fixant les prix du gaz de pétrole liquéfié (GPL) faisait en effet apparaître le droit de douane à 10 % dans la nouvelle structure de prix du butane. Il s'agissait, aux dires de certains, de se conformer aux dispositions de l'acte n° 7/93 -UDEAC-556-SE1du 21 juin 1993 portant révision du TEC et fixant les modalités d'application du TPG. Ce traitement était contraire à l'ordonnance n° 94/004 du 16 février 1994 précité. Le GPL a été soumis au droit de douane au taux de 10 %, jusqu'en 2006, date à laquelle, il en a été de nouveau exonéré. De l'autre côté, le pétrole lampant est illégalement soumis au droit de douane depuis 2008. Même les travaux réalisés dans les Services du Premier ministre depuis novembre 2010 n'ont pas abouti à la réparation de cette erreur. Cette irrégularité demeure à ce jour.

169.- Par ailleurs, le droit de douane frappe dorénavant outre les produits mis à la consommation sur le territoire national, ceux enlevés à destination des États membres de la CEMAC. Ceci se justifie par l'appartenance au même espace douanier, et par l'entrée en suspension des droits et taxes de la matière première, dont le coût d'acquisition

[91]Lettre n° 860/CF/MINEFI/DI du 4 mars 1994 du ministre de l'Économie et des Finances à M. le Directeur général de la SONARA, portant application de l'ordonnance n° 94/004 du 16 février 1994.

aurait dû intégrer ces droits. Enfin, le ministre des Finances a décidé en 2011, sans doute sous l'instigation de la Direction Générale des Douanes qui espérait à tort relever le niveau de ses recettes[92], de taxer désormais le pétrole brut à l'entrée du territoire douanier, et non plus les produits finis sortis raffinerie. Cette mesure devait entrer en vigueur au début du deuxième trimestre 2011, à la suite des travaux réalisés au sein d'un nouveau comité mis en place. Mais la modification des impositions étant du domaine de la Loi, il a fallu attendre la promulgation de la Loi de Finances pour l'exercice 2012.

C - Déclaration et exigibilité des Droits de Douane sur produits pétroliers

170.- Le Code des Douanes de la CEMAC n'avait pas prévu de formulaire spécifique pour la déclaration des droits de douane sur produits pétroliers. Depuis 2001, la SONARA a adapté la déclaration de Taxe sur la Valeur ajoutée (TVA) aux besoins spécifiques des droits de douane. Cette adaptation, qui a été adoptée par la Direction Générale des Douanes, est restée en vigueur jusqu'en 2011. Les droits de douane collectés par la SONARA étaient exigibles à 45 jours suivant le mois d'enlèvement des produits. Ce délai avait pour finalité, au regard de l'importance des sommes en jeu, d'éviter à la SONARA de préfinancer les droits de douane dus par les divers *Marketers*. En effet, la SONARA n'est que redevable légale en matière de Droits de Douane. Les *Marketers* en sont les redevables réels.

---

[92] En violation des orientations générales de la circulaire n° 001-CAB-PR du 13 septembre 2010, relative à la préparation du budget de l'État pour l'exercice 2011 et prescrivant l'amélioration des conditions de vie des Camerounais.

171.- Au moment de la déclaration, un ordre de virement d'égal montant est établi à l'ordre du Receveur des Douanes. L'apport au budget de l'État est considérable et se retrace dans le tableau n° 4 ci-après[93]. Mais après la réforme introduite par le ministre des Finances, d'importants bouleversements étaient attendus dans la fiscalité des produits pétroliers[94].

Tableau 11 : Contribution des droits de douane sur produits pétroliers au budget de l'État

EXERCICES	DD COLLECTES Marche Intérieur	DD COLLECTES SUR EXPORTS	DD AUTOCONSOM	REGULARISAT DD	SOUTIEN DE L'ETAT DD	DD PAYES
2000 - 2001	20 604 637 422	1 068 253 109			-14 477 474 764	7 237 431 767
2001 - 2002	16 352 810 414	1 170 976 370		-66 276 114	-3 817 967 188	13 639 543 482
2002 Transitoire	5 889 079 328	374 586 247			-1 182 191 073	5 081 474 502
2003	16 128 214 293	2 179 817 420	61 419 022	-364 881 207		18 004 569 528
2004	16 648 076 294	2 344 965 070				18 993 041 364
2005	13 790 574 869	2 209 529 350	664 517 302	246 548 303		16 911 169 824
2006	12 878 927 729	2 049 066 066	165 541 999	1 752 126		15 095 287 920
2007	13 344 561 310	3 882 121 998	181 641 827	92 481 657		17 500 806 792
2008	38 856 019 344	3 683 334 835	357 205 359		-21 060 378 410	21 836 181 128
2009	21 679 838 538	4 150 978 031	199 547 996	260 845		26 030 625 410
2010,1er semestre	14 979 441 294	2 601 362 306	129 005 549			17 709 809 149

§ 2 – Le régime mitigé de droit commun de la SONARA

172.- En application de la Loi de Finances pour l'exercice 2012, le pétrole brut d'origine hors CEMAC est soumis à l'imposition aux droits et taxes inscrits au Tarif des Douanes, le Tarif Extérieur Commun étant déclassifié au taux de 5 %[95]. Suivant cette méthode, tous les produits pétroliers devraient supporter le droit de douane, qu'ils en

93 Les chiffres proviennent des déclarations mensuelles des droits de douane de la SONARA.
94 V. infra, n° 172 ss.
95 L/F 2012, art. Troisième, (1).

soient exonérés de par la loi ou pas, et, quelle que soit leur destination, celui-ci étant imputé sur le coût d'acquisition de la matière première. Les modalités d'application de ce nouveau régime devaient néanmoins être fixées par voie réglementaire[96]. C'est ainsi que la circulaire n° 003/MINFI/DGD du 22 février 2012 fixant les modalités d'application de l'article troisième de la Loi de Finances pour l'exercice 2012 a prévu entre autres, en reprenant quasiment la Loi, que :

- La Taxe sur la Valeur ajoutée n'est pas perçue à la porte.
- La déclaration en détail est faite en régime de mise à la consommation modèle IM4000.
- Le paiement des liquidations du mois N est exigible le 15 du mois N+2, (soit un délai de reversement desdits droits de quarante-cinq (45) jours accordé à la SONARA).
- À la réception des factures qui parviennent généralement à la SONARA un mois après la réception de la cargaison de pétrole[97], la Direction Générale de ladite société notifie le Chef de Bureau Principal Hors Classe de Cap Limboh, qui procède à des liquidations supplémentaires en vue de déterminer les droits complémentaires à payer par la SONARA, ou le trop-perçu à faire valoir sur les importations de pétrole brut d'origine hors CEMAC effectuée le mois suivant par la SONARA.

La loi est restée muette sur les autres taxes exigibles au cordon douanier. Il s'agit notamment de la Redevance Informatique, de la Taxe OHADA, de la Taxe

---

[96] L/F 2012, art. Troisième, (2).

[97] Ce délai d'un mois est théorique. La facture définitive appuyée de l'ensemble de ses justificatifs parvient à la SONARA plusieurs mois plus tard.

Communautaire d'Intégration et de la Contribution Communautaire d'Intégration, pour un total de 1,5 % de la valeur en douane.

173.- Afin de ne pas fiscaliser les produits de première nécessité (Pétrole lampant et Gaz Butane), certains produits spécialement détaxés (Jet Aviation, Fuel Oil 1500 et 3500) ou les exportations hors CEMAC, la SONARA peut bénéficier du régime du Drawback sur demande, conformément aux dispositions des articles 249 à 259 du Code des Douanes de la CEMAC. Ce Drawback a été mis en œuvre pour la première fois en mars 2015 ; la méthodologie de son application tarde à être mise en place. La structure des prix des produits pétroliers comportait, durant ces périodes, une ligne dédiée aux droits de douane perçus à la porte, différente de celle concernant antérieurement les droits de douane collectés sur les ventes.

174.- Mais ceux-ci étaient estimés dans la tranche basse et ne couvraient pas l'ensemble des droits de douane supportés par la raffinerie. Les prix des produits pétroliers raffinés étant administrés, il n'était pas possible à la SONARA de récupérer la totalité de ces droits de douane supportés par elle à la porte. La quote-part non récupérée de ces droits a été une charge supplémentaire impactant sa Marge Brute et son résultat, comme on peut le voir dans le tableau n° 12 ci-dessous.

Tableau 12 : Impact des Droits de Douane non récupérés sur le résultat de la SONARA (en MFCFA)

	2011	2012	2013	2014	2015 FINAL
DD NON RECUPERES (MFCFA)	0	8 921	7 612	2 604	*-2 412*

175.- Dans les faits, les prix des produits pétroliers raffinés par la SONARA ont plutôt été relevés, contrairement à ce qui avait été annoncé dans l'exposé des motifs de la Loi de Finances pour l'exercice 2012. Le principal effet des nouvelles dispositions était de réduire la subvention aux produits pétroliers et à due concurrence les recettes de l'État. On aurait pu aboutir au même résultat par des mécanismes plus simples. L'on pourrait croire que c'est l'une des raisons pour lesquelles la Loi de Finances pour l'exercice 2016 est revenue sur ce système et a consacré un retour à l'ancien système de taxation, celui de la suspension des droits et taxe à la porte sur le pétrole brut, avec cette fois un taux de 5 % à appliquer sur les produits pétroliers raffinés. Avec la Loi de Finances pour l'exercice 2018, la SONARA passe au régime de l'entrepôt de transformation/stockage.

§ 3 – L'entrepôt de transformation/stockage

176.- Depuis le 01er janvier 2018, le régime de l'usine exercée de fait jusque-là appliqué à la SONARA est remplacé par un régime hybride, celui de l'entrepôt de transformation/stockage. La Loi de Finances de l'exercice et la circulaire n° 004/MINFI/DGD du 4 janvier 2018 précitée encadrent ce régime, autant que l'ensemble des activités liées au raffinage de pétrole brut et aux produits pétroliers. Il s'agit notamment de l'importation de pétrole brut (A), l'après Transformation du pétrole brut (B), le Transfert vers la SCDP (C), l'importation des produits pétroliers raffinés (D), les ventes de produits pétroliers raffinés (E).

A - L'importation de pétrole brut

177.- Le pétrole brut destiné aux activités de raffinage est importé en suspension des droits et taxes de douane, à l'exception de la redevance informatique qui est liquidée et recouvrée par le service des douanes. Chaque cargaison de pétrole brut importée doit faire l'objet d'une déclaration de mise en entrepôt de transformation suite importation directe modèle IM 7100[98]. Ici, il y aura un simple changement de formulaire par rapport à ce qui se faisait jusque-là. À la fin du mois de mai 2018, les nouveaux formulaires n'étaient pas encore disponibles. Les cargaisons de pétrole brut doivent faire l'objet d'une prise en charge douanière avant et après (décantation de 72 heures) leur déchargement.

178.- La circulaire du Directeur général des Douanes précitée dispose en outre que chaque bac de pétrole brut doit constituer un entrepôt dans le système douanier automatisé. Il convient de relever qu'au regard de la diversité de pétroles bruts utilisés et du nombre restreint de bacs qui leur sont dédiés, un même bac pourrait être amené à contenir plusieurs types de pétroles bruts en fonction du cocktail envisagé par la raffinerie. La configuration des bacs dans le SYDONIA reste ainsi virtuelle et ne peut faire l'objet ni d'un rapprochement ni d'un suivi physique sur le terrain, comme cela devrait être la règle. Le risque d'amalgame dans le SYDONIA reste par conséquent élevé, ce qui ne facilitera pas le traçage des recettes découlant de ces opérations.

B - Après transformation du pétrole brut

179.- Après raffinage du pétrole brut, tous les produits compensateurs obtenus (super, gasoil, butane liquéfié, kérosène, etc.) sont en fonction de leur nature, déclarés sous le régime de l'entrepôt de stockage suite entrepôt de

---

[98] L'on comprend que le nom de ce formulaire a évolué par rapport à ce que nous avions présenté plus haut (V. supra, n° 153). Toutefois, il convient de souligner que tous les pétroles bruts traités par la raffinerie ne sont pas importés. C'est le cas pour le Kolé, l'Ebomé, le Lokolé ou le Logbaba qui sont d'origine camerounaise.

transformation modèle IM 7071[99]. Les pertes, les déchets et les autoconsommations doivent faire l'objet d'une déclaration en douane. Jusque-là, seules les autoconsommations de la raffinerie faisaient l'objet d'une déclaration, en vue de la liquidation des droits et taxes y afférents, notamment le Droit de Douane[100], la Taxe Spéciale sur les Produits Pétroliers (TSPP)[101] et la Taxe sur la Valeur ajoutée (TVA)[102].

180.- Les déclarations d'apurement de l'entrepôt de transformation doivent être faites de manière à permettre la traçabilité de l'ensemble des opérations sur la base des taux de rendement que la SONARA est tenue de produire mensuellement au Bureau Principal des Douanes Hors Classe de Cap Limboh. À la demande du Chef de Bureau Principal des Douanes Hors Classe de Cap Limboh, il sera procédé avec la SONARA à la réconciliation des données en vue de la consolidation des quantités définitives obtenues après raffinage et acheminées vers les bacs de la SCDP.

C – Le Transfert vers la SCDP

181.- L'acheminement des produits pétroliers raffinés de l'usine de la SONARA vers les cuves de stockage de la SCDP se fait sous la responsabilité exclusive de la SONARA lorsqu'elle est encore propriétaire des marchandises (notamment dans le cas de transfert par voie maritime à destination de Douala) et de la supervision des services douaniers compétents. Cet acheminement se fait sous escorte douanière moyennant le paiement d'un travail

---

[99] Le nom de ce formulaire a également évolué. Il était, comme présenté ci-dessus (V. supra, n° 153), « Mutation d'entrepôt de Transformation vers un entrepôt de Stockage ».

[100] V. supra, n° 165 ss.

[101] V. infra, n° 215 ss.

[102] V. infra, n° 264 ss.

extra-légal calculé suivant les textes réglementaires. Il peut aussi, sur autorisation du Chef de Bureau Principal des Douanes Hors Classe de Cap Limboh, se faire par l'apposition des doubles scellés au départ de la cargaison respectivement par la Douane et la SONARA et l'établissement d'un bordereau de transport signé des deux parties. Dans ce cas, chaque entité descellera la cargaison à l'arrivée.

182.- À l'arrivée dans les lieux de stockage de la SCDP, les quantités transportées au cours de chaque voyage font l'objet de pompage et de mesurage conjoints par les représentants compétents de la Douane, de la SONARA de la SCDP et de l'organisme chargé du contrôle de qualité. L'introduction de ce contrôle multipartite par l'apposition des scellés lors du transfert des produits fera sans doute l'objet de critiques nombreuses. Mais il nous semble le plus approprié, car il aura l'avantage de limiter les déperditions de produits jusque-là constatées passivement, tant au départ qu'à l'arrivée.

D – L'importation des produits pétroliers raffinés

183.- Les produits pétroliers raffinés importés sont soumis au paiement préalable de tous les droits et taxes de douane en vigueur au moment de leur importation. Ils sont mis dans les bacs particuliers configurés dans le SYDONIA. Cette mesure ne pourra être appliquée que *dans la mesure du possible*. En effet, tel que relevé en matière de stockage de pétrole brut[103], le nombre restreint de bacs qui leur sont dédiés ne permettra pas toujours de réserver un bac particulier pour chaque type de produit importé, différent des autres produits de même nature déjà disponibles sur place. Cette configuration reste par conséquent virtuelle et ne peut faire l'objet ni d'un

[103] V. supra, n° 178.

rapprochement ni d'un suivi physique sur le terrain, comme cela devrait être la règle. Le risque d'amalgame dans le SYDONIA reste ainsi élevé, ce qui ne facilitera pas le traçage des recettes découlant de ces opérations.

184.- La circulaire du Directeur général des Douanes précise en outre, ce qui n'est pas prévu par la Loi, que ces produits *font l'objet d'un suivi et d'une comptabilité séparée de celle des produits raffinés localement.* Autant il est difficile d'avoir ces produits dans des bacs distincts, autant il est difficile et complexe d'envisager un suivi et une comptabilité séparée de celle des produits raffinés localement. La comptabilité séparée suppose en effet qu'il faudra produire des états financiers pour ces produits pétroliers raffinés importés distincts des autres états financiers. Ici, on devrait plutôt parler d'une *Comptabilisation distincte de ces produits qui, elle fait simplement appel à des comptes comptables distincts de ceux utilisés pour les produits raffinés localement, notamment en ce qui concerne les comptes de produits.*

185.- Les produits pétroliers importés font l'objet d'enlèvement direct et sont apurés par la mise à la consommation. En ce qui concerne le taux de droits de douane à appliquer, il est de 10 % pour les produits importés, alors qu'il est de 5 % pour les produits raffinés localement[104]. Cette différentiation de taux aurait plus de sens si la SONARA avait déjà achevé ses travaux d'extension et de modernisation de ses installations, phase 1 et phase 2 confondues. Ce dispositif aurait alors eu pour finalité justifiée de protéger l'industrie locale, ce qui rentre en droite ligne du rôle de la douane. Mais ceci n'est pas encore le cas, les travaux d'extension étant toujours à leur première phase en septembre 2018.

---

[104] V. infra, n° 194 ss.

186.- Il est par conséquent nécessaire de procéder périodiquement à des importations de produits pétroliers. Ces importations peuvent être attribuées tant à la SONARA qu'à divers *Marketers*, suivant des modalités réglementaires. Le cas échéant, on détermine le prix de revient des produits importé (prix d'adjudication de l'importation), qui est rapproché au prix administré des mêmes produits vendus à la pompe. L'écart constitue généralement un « Manque à Gagner » dû à l'importateur par l'État, les prix de revient à l'importation étant toujours supérieurs aux prix administrés. Or les prix de revient comprennent entre autres le prix d'achat au Trader, le fret, l'assurance, les frais de gestion, les droits et taxes de douane, les frais financiers (pour le financement de l'importation et en couverture des différents délais)…

187.- Le différentiel de droits de douane entre 10 % (en importation) et 5 % (en production locale), augmenté de la quote-part de frais financiers lui revenant, se retrouve ainsi dans le Manque à Gagner que l'État doit rembourser à l'importateur. Il apparaît par conséquent que si au niveau de la Direction Générale des Douanes (DGD) l'importation a généré des recettes additionnelles représentant 5 % de la valeur en douane, la Direction Générale du Trésor et de la Coopération Financière et Monétaire (DGTCFM) a eu à rembourser ce même montant majoré des frais financiers à l'importateur. En clair, la DGD a l'illusion d'encaisser plus et affiche un rendement amélioré. Mais en réalité, le Trésor public s'en trouve pénalisé, car il doit rembourser plus que la recette supplémentaire illusoire de la DGD. Les Finances publiques accusent par conséquent un déficit dans l'ensemble.

E – Les ventes de produits pétroliers raffinés

188.- Nous retiendrons ici l'obligation commune à toutes les ventes de produits pétroliers (1), celles propres aux ventes locales (2), aux soutes internationales et aux exportations (3).

1 - L'obligation commune à toutes les ventes de produits pétroliers

189.- Un état récapitulatif de toutes les ventes faites aussi bien aux opérateurs locaux qu'étrangers devra être transmis mensuellement par la SONARA au Directeur général des Douanes. Cette disposition oblige la SONARA à s'assurer en permanence de la fiabilité de ses statistiques, et permet à la Douane de faire les recoupements nécessaires.

2 - Les obligations propres aux ventes locales

a- Principe général

190.- Les produits pétroliers raffinés localement par les sociétés de raffinage sont vendus hors droits et taxe de douane aux *Marketers* et aux personnes autorisées, à charge pour ces derniers de procéder par leurs propres soins au dédouanement, dans les mêmes conditions que celles desdits produits provenant des importations directes. La formulation initiale relevée dans le projet de Loi remis aux parlementaires prévoyait que « Les produits pétroliers raffinés localement par les sociétés de raffinage sont vendus en *hors taxes* aux *Marketers* et aux personnes autorisées… ». Cette formulation était assez vicieuse et pouvait entraîner des perturbations même dans les finances publiques.

191.- En effet, parmi les droits et taxes de douane en vigueur, on retient principalement le droit de douane, la Taxe sur la Valeur ajoutée (TVA)[105], la Taxe Spéciale sur les Produits Pétroliers (TSPP)[106]. Les prix des produits pétroliers raffinés étant administrés, ces droits et taxes sont

---

[105] V. infra, n° 239 ss.
[106] V. infra, n° 204 ss.

liquidés et perçus à travers la structure des prix à la pompe sur la base du prix sortie raffinerie. La TSPP a effectivement comme fait générateur l'introduction des produits taxables sur le territoire, telle que définie par le Code des Douanes de la CEMAC, en ce qui concerne les importations. Celle-ci étant liquidée sur les volumes et non sur la valeur, son niveau ne changerait pas, qu'elle soit due à la porte ou à l'intérieur. Dans les modalités pratiques, il faudrait préciser que la TSPP payée à la porte vient en diminution de la TSPP collectée à l'intérieur, lors des ventes. Cette modalité devrait également s'appliquer au droit de douane, qui reste une charge imputable au coût d'achat.

192.- Par contre en ce qui concerne la TVA, si ce mécanisme peut lui être étendu, il n'en demeure pas moins qu'en ce qui concerne les produits pétroliers, la TVA d'amont (celle payée à la porte) ne constitue pas une TVA déductible comme en droit commun ; elle est plutôt un élément du coût d'achat, tel que prévu par les règlements CEMAC. Cette précision devait par conséquent être apportée, sachant qu'un traitement non conforme entraînerait des crédits de TVA importants pour les importateurs, insupportables pour le Trésor public. La nouvelle formulation retenue dans la Loi nous paraît correcte. De plus, la circulaire du Directeur général des Douanes précise que « les modalités de liquidation et de perception de la Taxe sur la Valeur ajoutée (TVA) et de la Taxe Spéciale sur les Produits Pétroliers (TSPP) demeurent inchangées[107] ».

---

[107] Circulaire n° 004/MINFI/DGD du 4 janvier 2018 précisant les modalités d'application de certaines dispositions de la loi n° 2017/021 du 20 décembre 2017 portant Loi de Finances pour l'exercice 2012, m).

b- Point de départ des livraisons

193.- *Seuls les produits vendus hors droit de Douane en ex-works Limbé sont livrés dans les installations de cette ville. Les autres produits sont, quels que soient leur destination et le moyen de transport utilisé, enlevés dans les entrepôts SCDP de Douala après validation de la déclaration en détail à la diligence de l'acquéreur*[108]. Ceci voudrait dire qu'il n'y a plus d'enlèvement au Poste de Chargement des Camions-Citernes (PCCC) à destination de Bafoussam. Ceci veut dire aussi que les autres ventes à destination des villes du Sud-Ouest autres que Limbé se feraient uniquement à partir de Douala. Ce serait notamment le cas de Buéa qui se trouve à 35 minutes de la SONARA à Limbe, et à environ 90 minutes de la SCDP Douala ; mais aussi Mutengene qui est à 20 minutes de la SONARA à Limbe, et à environ 70 minutes de la SCDP Douala. Sur un plan pratique et social, la mesure est difficile et pourrait être réajustée. Sur le plan de la sécurisation des recettes tant de l'État que de la SONARA, la mesure peut être qualifiée de salutaire, au regard de la déperdition des produits observée au PCCC de la SONARA.

c- Conditions d'enlèvement

194.- Les produits raffinés localement ne peuvent sortir de l'entrepôt de stockage suite entrepôt de transformation qu'après acquittement préalable auprès de la recette des douanes, des droits et taxes de douane liquidés par le service des Douanes compétent à la diligence du *Marketer* ou de la personne autorisée qui a acquis ces produits auprès de la société de raffinage. Cette nouvelle disposition nécessitait que des formulaires spécifiques de déclaration pour paiement soient mis en place par la DGD. Or cinq mois après l'entrée en vigueur de la Loi, les *Marketers* sont

[108] Circulaire n° 004/MINFI/DGD du 4 janvier 2018 précitée, k).

toujours dans l'attente de ces formulaires, et procèdent aux reversements par « simple bonne foi ». La DGD s'est contentée, après avoir été relancée, de confirmer l'usage des anciens formulaires. L'exonération de droits de douane dont bénéficient le Pétrole lampant et le Gaz Butane est passée sous silence, alors que l'ordonnance de 1994 n'a pas été rapportée en ce qui les concerne.

195.- Les *Marketers* qui achètent des produits pétroliers raffinés localement procèdent par eux-mêmes et sous leur responsabilité à la validation des déclarations en détail y afférentes. Ainsi, à l'arrivée de sa commande à la SCDP, le *Marketer* doit procéder d'abord à une déclaration globale, qui sera fractionnée en fonction du nombre de camions-citernes qui procéderont à l'enlèvement pour livraison dans les stations-service. Chaque mouvement de camion doit être suivi, car c'est lui qui déclenche l'exigibilité des droits de douane. Cette procédure cache mal son caractère improvisé et pénalise les opérateurs économiques. Les produits raffinés sortis de la SONARA sont soumis à un droit de douane au taux de 5 % lors de leur déclaration pour la mise à la consommation. Les produits raffinés importés puis expédiés vers les pays de la CEMAC sont soumis au paiement préalable du Tarif Extérieur Commun[109]. Logiquement, cette liquidation et le paiement correspondant devraient intervenir au niveau de la SCDP, où les *Marketers* prennent effectivement possession des produits pétroliers. Pourtant depuis février 2018, la structure des prix des produits pétroliers les situe à tort au niveau de la distribution avec de fâcheuses conséquences[110].

---

[109] V. supra n° 183 ss.
[110] V. supra n° 138.

d- Enlèvement sous caution

196.- Il s'agit d'une exception aux conditions d'enlèvement normales telles que précisées ci-dessus. Par cette exception, les *Marketers* et les personnes autorisées peuvent bénéficier de l'enlèvement direct de leur cargaison avant paiement de leurs droits et taxes de douane dus après liquidation de la déclaration de mise à la consommation suite entrepôt de transformation locale modèle IM 4071, à la condition de souscrire une caution bancaire ou confraternelle, générale ou spécifique à l'opération envisagée auprès d'une banque de premier ordre ou d'un autre *Marketer*, garantissant le paiement desdits droits et taxes dans un délai maximal de 30 jours. Les intérêts de retard sont dus après cette date[111]. Selon la circulaire du Directeur général des Douanes, la caution bancaire est la règle et ne peut être remplacée par une caution confraternelle que sur son autorisation expresse[112].

3 - Les obligations relatives aux soutes internationales et aux exportations

a- Soutes Internationales

197.- Les produits pétroliers destinés aux soutes internationales sont exonérés des droits de douane. Leur enlèvement obéit aux mêmes modalités que celles des marchandises placées dans les régimes douaniers suspensifs. Les produits pétroliers enlevés pour des besoins de soutes internationales doivent faire l'objet de déclaration douanière spécifique. Le soutage doit être effectué dans un délai de quinze (15) jours à compter de la date de prélèvement des produits pétroliers concernés. À défaut, ils sont automatiquement reversés au régime commun et les droits et taxes liquidés.

---

[111] L/F 2018 précitée, article deuxième, h).

[112] Circulaire n° 004/MINFI/DGD du 4 janvier 2018 précitée, p).

b- Exportation et Justification des exportations

198.- La justification des exportations de produits pétroliers est subordonnée à la production des attestations d'exportation effective délivrée par la Direction Générale des Douanes au vu des justificatifs du dédouanement des produits dans le pays de destination[113]. Cette nouvelle formulation pourra peut-être lever la difficulté rencontrée jusque-là dans la délivrance des attestations d'exportation effectives. En effet, le ministre de l'Économie et des Finances avait organisé la procédure d'exportation des produits manufacturés en général à travers l'instruction n° 106/CF/MINEFI/DI/DD du 31 juillet 1998. Mais cette instruction était d'application difficile en ce qui concerne les produits pétroliers, et le problème est demeuré entier. Pour rectifier le tir, l'instruction ministérielle n° 01539/MINEFI/D organisant la procédure d'exportation des produits pétroliers avait été donnée le 17 juillet 2000. Mais cette instruction présentait l'inconvénient de n'avoir pas fait le tour complet du sujet. La procédure d'exportation des produits pétroliers se retrouvait ainsi à cheval entre les deux instructions précitées. Elle était plus ou moins complexe suivant l'humeur des inspecteurs des douanes devant délivrer « l'Attestation d'exportation effective », base de calcul de la TVA au taux zéro.

§ 4 – L'entrepôt fictif à la SCDP

199.- Le régime douanier de l'entrepôt permet, par une fiction juridique, de considérer comme étant placées à l'étranger des marchandises qui sont physiquement stockées sur le territoire douanier. Les produits importés qui sont introduits dans les entrepôts ne sont donc pas soumis aux droits, taxes et prohibitions d'importation. Ils peuvent ensuite être réexportés ou versés sur le marché intérieur.

---

[113] L/F 2018 précitée, article deuxième, l).

Dans ce dernier cas seulement, ils sont frappés des droits, taxes et autres mesures douanières. Cependant, la procédure mise en place par le comité de pilotage du projet SYDONIA semble s'écarter de ces principes[114].

200.- À l'exportation, les produits sont considérés comme exportés dès leur entrée dans l'entrepôt et bénéficient de tous les avantages qui s'y rattachent : approvisionnement des usines exportatrices en matières premières et produits semi-finis, vente de produits à l'exportation aux conditions de la concurrence internationale, etc.

201.- Il existe trois catégories d'entrepôt de stockage :

- . l'entrepôt public,
- . l'entrepôt privé banal,
- . l'entrepôt spécial.

La SCDP relève de l'entrepôt privé banal, tel que régi par les articles 185 ss du Code des Douanes.

202.- La taxation du pétrole brut au franchissement du cordon douanier plutôt que celle des produits pétroliers, telle qu'opérée de 2012 à 2015[115], n'avait pas modifié le fonctionnement de l'ensemble du secteur pétrolier aval, notamment la SCDP, le Cabotage et le soutage international.

203.- Le nouveau régime applicable au raffinage de pétrole brut et aux produits pétroliers, institué par la Loi de Finances pour l'exercice 2018, clarifie davantage le rôle de la SCDP. La Société Camerounaise des dépôts Pétroliers y apparaît en effet comme un simple stockeur, le gardien des produits pétroliers expédiés par la SONARA suivant les commandes des *Marketers* et attendant d'être enlevés par

---

[114] V. supra, n° 166 ss.
[115] V. supra, n° 172 ss.

ces derniers. Périodiquement (par décade, quinzaine ou mois), elle établit un état de répartition des enlèvements des produits qui permet à la SONARA d'établir ses factures de vente pour la période concernée et à l'Administration Fiscale de suivre et recouper les impôts et taxes dus sur ces ventes.

CHAPITRE 2

LA TAXE SPÉCIALE SUR LES PRODUITS PÉTROLIERS

204.- Comme son nom l'indique, la Taxe Spéciale sur les Produits Pétroliers (TSPP) est une taxe particulière qui frappe l'essence super et le gasoil. Elle a été instituée par la loi n° 84/02 du 30 juin 1984 portant Loi de Finances pour l'exercice 1984/1985. Son apport au budget de l'État est très considérable depuis des décennies, tel que l'illustrent les tableaux n° 13[116] et 14[117] ci-dessous.

Tableau 13 : État de la TSPP reversée par la SCDP exercice 1998-99

MOIS	AFFECTATION		
	FONDS ROUTIER	TRESOR PUBLIC	TOTAL
JUILLET	1 296 650 202	3 798 811 624	5 095 461 826
AOUT	1 131 101 981	3 457 439 633	4 588 541 614
SEPTEMBRE	1 216 715 567	3 840 467 223	5 057 182 790
OCTOBRE	1 146 519 271	3 663 126 740	4 809 646 011
NOVEMBRE	1 213 525 453	3 672 578 587	4 886 104 040
DECEMBRE	1 548 454 964	4 488 863 076	6 037 318 040
JANVIER	1 416 251 243	4 075 513 949	5 491 765 192
FEVRIER	1 400 183 235	3 972 948 106	5 373 131 341
MARS	1 616 798 591	4 374 740 006	5 991 538 597
AVRIL	1 479 805 211	4 148 046 141	5 627 851 352
MAI	1 276 842 898	3 604 539 196	4 881 382 094
JUIN	1 256 900 077	3 384 677 592	4 641 577 669
TOTAL	**15 999 748 693**	**46 481 751 873**	**62 461 500 565**

---

[116] Issues des statistiques de la Direction des Impôts, Cellule des Fiscalités Pétrolière et Minière, communiquées en 2000.
[117] Issues des déclarations mensuelles de la SONARA.

Tableau 14 : État récapitulatif de la TSPP collectée et reversée par la SONARA (exercice 2000-2001).

MOIS	QUANTITES LITRES			VALEUR FCFA		
	SUPER	GASOIL	PETROLE	FONDS ROUTIER	TRESOR PUBLIC	TOTAL
JUILLET	1 043 110	845 013	523 765	59 565 157	98 940 696	158 505 853
AOUT	1 018 632	783 694	555 482	56 276 749	93 772 705	150 049 454
SEPTEMBRE	1 266 248	955 997	625 868	69 129 573	106 399 520	175 529 093
OCTOBRE	1 374 508	999 073	637 204	73 282 892	93 479 443	166 762 355
NOVEMBRE	1 667 741	5 274 005	749 825	273 525 315	201 438 878	474 964 193
DECEMBRE	1 634 195	1 113 944	630 732	83 770 229	111 083 133	194 853 362
JANVIER	1 498 968	1 251 417	765 292	87 275 974	99 826 426	187 102 400
FEVRIER	1 352 175	3 570 651	612 334	189 708 197	165 859 954	355 568 151
MARS	1 582 422	1 282 422	616 425	90 626 255	135 213 592	225 839 847
AVRIL	1 297 108	1 247 263	714 188	82 993 453	105 282 787	188 276 240
MAI	1 396 436	1 358 537	678 906	90 065 229	120 143 531	210 208 760
JUIN	1 288 346	1 471 174	617 386	229 342 515	172 115 881	401 458 396
TOTAL	16 419 889	23 153 190	7 727 407	1 385 561 538	1 503 556 546	2 889 118 084

205.- Ceci explique les aménagements réguliers que diverses Lois de Finances ont apportés à cette taxe. La TSPP a ainsi un cadre juridique propre (section 1) et demeure spécifique par rapport aux autres impôts (section 2).

Section 1 – Le cadre juridique et les évolutions de la TSPP

206.- La Taxe Spéciale sur les Produits Pétroliers est instituée par l'article 15 de la loi n° 84/02 du 30 juin 1984, portant Loi de Finances pour l'exercice 1984/1985. Elle n'avait pas été intégrée dans le Code général des Impôts à l'époque. La TSPP est née dans une optique de revalorisation des ressources pétrolières de l'État pour en tirer le meilleur parti. Au moment de son institution en 1984, la TSPP était due par les redevables réels que sont les *Marketers* ; cette situation ne semblait pas rassurer l'État. C'est ainsi qu'avec la loi n° 98/009 du 1er juillet 1998 portant Loi de Finances pour l'exercice 1998/1999, la TSPP est collectée et reversée par les redevables légaux que sont la SONARA et la Société Camerounaise des Dépôts Pétroliers (SCDP).

207.- Depuis cette même loi, une partie de la TSPP est destinée au Fonds Routier, tandis que l'autre va au Trésor public. Toutefois, les deux paiements sont faits par les redevables légaux à l'ordre du Receveur des Impôts du lieu du siège social. Mais à partir de l'exercice 2001, la SCDP a connu de fortes turbulences financières et managériales qui ont amené l'État à revoir son rôle fiscal au regard de la TSPP. C'est ainsi qu'en 2003, la Loi de Finances a consacré la SONARA comme unique redevable légal de la TSPP. La SONARA bénéficie à ce titre, comme pour tous les autres impôts relatifs aux produits pétroliers, d'un délai particulier de déclaration et de reversement de cette TSPP.

208.- Cependant, avec l'avènement de la Division des Grandes Entreprises (DGE) en 2004 au sein de la Direction Générale des Impôts, la SONARA n'était plus redevable légal et ceci dans les faits, que de la TSPP sur son autoconsommation. La TSPP sur les enlèvements de produits pétroliers par les *Marketers* est gérée directement par la DGE, qui entend ainsi améliorer le rendement et les délais de recouvrement de cette Taxe, bien que la Loi maintienne la SONARA comme redevable légal. Aucun de ces objectifs n'a été atteint par cette nouvelle structure de la Direction Générale des Impôts (DGI). Il fallait par conséquent revenir au système qui a prévalu avant cette distorsion. Mais entre-temps, la SONARA est également rentrée dans un cycle de turbulences, découlant du fait qu'elle doit malgré elle supporter la politique gouvernementale de soutien des prix des produits pétroliers à la pompe[118]. Ses impôts ne sont plus payés suivant la voie

---

[118] V. supra n° 117 ; infra n° 303 ss.

normale, ce qui trouble le suivi des objectifs d'encaissement de l'Administration Fiscale.

209.- Cette dernière, mettant en avant ces objectifs dans la réforme de 2014, a ainsi rétabli la SCDP comme principal collecteur de la TSPP, le plus gros des produits pétroliers soumis à cette taxe transitant par cette société. L'enlèvement des produits taxables à la SCDP a de ce fait été retenu comme fait générateur supplémentaire, par rapport à la rédaction du CGI jusque-là en vigueur. Cependant, en ce qui concerne le redevable légal SCDP, une note de service interne de la SONARA prescrivait la collecte de la TSPP par la SONARA sur les transferts de produits taxables vers la SCDP Bafoussam. Cette note est demeurée sans effet comme il fallait s'y attendre.

Section 2 – Les particularités de la TSPP

210.- Les particularités de la TSPP ressortent de :

- son champ d'application (§1) ;
- son fait générateur (§2) ;
- ses bases et taux d'imposition (§3) ;
- sa liquidation et son affectation (§4).

§ 1 – Le champ d'application de la TSPP

211.- Jusqu'en 1998, la TSPP était normalement assise sur les opérations de mise à la consommation de l'essence super et du gasoil. Mais par sa note n° 456/MINEFI/DI du 18 août 1998, le Directeur des Impôts a, de manière cavalière, décidé d'étendre le champ d'application de la TSPP aux livraisons à soi-même et aux livraisons à titre gratuit de l'essence super et du gasoil. Seule la Loi de Finances pour l'exercice 2000-2001 consacrera ces dispositions en son article 15 al. 1.

212.- Dans son instruction n° 419/MINEFI/DI/L/CL du 11 août 2000 portant application de certaines dispositions de la Loi de Finances pour l'exercice 2000/2001, le Directeur des Impôts confesse en effet que « jusqu'à présent, l'administration fiscale avait du mal à prendre en compte les produits pétroliers utilisés par les sociétés de raffinage et de dépôts pétroliers dans le cadre de leurs activités normales : ces produits étaient exonérés de TSPP. Ceci créait des distorsions de concurrence, notamment vis-à-vis des importateurs de produits similaires. Désormais, ces produits seront taxés dans les mêmes conditions que pour les autres consommateurs »[119]. Entre temps, la SONARA avait fait l'objet d'un redressement fiscal sur cette opération qui lui a coûté 1,2 milliard de FCFA en principal au titre des exercices 1996/1997 et 1997/1998.

213.- Le Pétrole lampant et le Butane (GPL) en sont exclus pour ne pas pénaliser les ménages les plus démunis. Mais s'agissant particulièrement du pétrole lampant, la structure de prix homologuée y introduit une TSPP négative en vue de ramener le prix réel économique au niveau social désiré. Cette dépense fiscale de l'État au profit des ménages, non prévue par la Loi, a été rapidement récupérée par certains industriels et transporteurs. Ceux-ci ont en effet modifié les sources d'alimentation en énergie de leurs équipements. C'est ainsi que certains moteurs ont été rectifiés pour fonctionner soit à partir du pétrole lampant pur, soit à partir du lampant dilué dans un peu de gasoil.

214.- Les auteurs de ces modifications réduisent ainsi leurs coûts de fonctionnement, tout en créant un préjudice financier énorme à l'État, et en le détournant de ses objectifs sociaux. C'est ce qui explique que depuis le mois d'avril 2001, la structure des prix fait une distinction entre

---

[119] Voir également exposé des motifs de la Loi de Finances pour l'exercice 2000/2001, page 7.

le pétrole lampant « réseau » destiné aux ménages, et le pétrole lampant « hors réseau », destiné aux industriels, qui ne bénéficie pas du soutien de l'État par une TSPP négative. Mais rien n'interdit aux industriels et transporteurs d'aller s'approvisionner aux mêmes points de vente que les ménages.

§ 2 – Le fait générateur de la TSPP

215.- La Loi de Finances pour l'exercice 1998/1999 a pour la première fois défini le fait générateur de la TSPP. Aux termes de ce texte, il est constitué par :

- la livraison des produits taxables par la Société Camerounaise des Dépôts Pétroliers (SCDP) aux compagnies distributrices ;
- la livraison des produits taxables par la Société Nationales de Raffinage (SONARA) aux personnes morales ou physiques autres que les compagnies distributrices.

216.- Pour les mêmes mobiles que ceux déjà évoqués, la Loi de Finances pour l'exercice 2000-2001 a précisé le fait générateur de la TSPP de la manière suivante :

- la livraison, lorsque les produits sont livrés par la SONARA sans transiter par la SCDP[120] ;
- la première utilisation de produits pétroliers lorsqu'il s'agit des livraisons à soi-même.

217.- Toutefois, les produits pétroliers taxables destinés à l'avitaillement des bateaux de pêche sont exonérés de la TSPP dans la limite des quotas trimestriels de consommation autorisés par l'Administration Fiscale. Cette mesure a été proposée pour le bien-être des Camerounais

[120] L'exigibilité de la taxe coïncide ici avec le fait générateur.

dans le cadre de la sécurité alimentaire. La fixation des quotas trimestriels par l'administration fiscale vise quant à elle à faire face aux fraudes[121].

218.- Depuis la Loi de Finances pour l'exercice 2005, le fait générateur est constitué par :

- la livraison des produits taxables par la Société Nationale de Raffinage (SONARA) ;
- l'introduction des produits taxables sur le territoire, telle que définie par le Code des Douanes de la CEMAC, en ce qui concerne les importations ;
- la première utilisation de produits pétroliers lorsqu'il s'agit des livraisons à soi-même.

219.- Tel que présenté ci-dessus[122], la Loi de Finances pour l'exercice 2014 a consacré le principe de l'enlèvement des produits pétroliers à la Société Camerounaise des Dépôts Pétroliers (SCDP) comme principe général du fait générateur de la Taxe Spéciale sur les Produits Pétroliers (TSPP). Ainsi, le fait générateur naît lors de l'enlèvement des produits pétroliers par les compagnies distributrices et les *Marketers*. Les produits stockés à la SCDP proviennent en effet soit de la SONARA, soit des importations de la zone CEMAC ou des pays hors CEMAC.

220.- La loi aménage néanmoins deux exceptions au principe général énoncé ci-dessus, en cas d'enlèvement direct des produits à la SONARA et de livraison à soi-même. L'enlèvement direct concerne les produits enlevés directement par les clients finaux, ne transitant pas par les dépôts de la SCDP. Dans cette hypothèse, le fait générateur intervient lors de la livraison des produits pétroliers aux personnes concernées par la SONARA. Quant aux

---

[121] Exposé des motifs, L/F 2000-2001, page 7.
[122] V. supra, n° 209.

livraisons à soi-même, elles sont effectuées par la SONARA pour ses besoins propres. Dans ce cas, le fait générateur est constitué par la première utilisation des produits pétroliers.

§ 3 – Les bases et taux d'imposition de la TSPP

221.- Les bases d'imposition à la TSPP sont constituées des quantités de produits enlevées pour la mise à la consommation locale. Il s'agit d'un chiffre des ventes en quantité, alors que pour les autres impôts, c'est généralement le chiffre des ventes en valeur qui est retenu.

222.- Initialement, la TSPP était assise sur l'essence super et l'essence ordinaire à raison de 7 F et 5 F par litre respectivement. En 2011, elle est assise sur l'essence super (120 F/litre) et le gasoil (65 F/litre). Elle vient aussi en ajustement du prix de vente du pétrole lampant ; ce dernier ajustement est négatif, et n'est pas prévu par la loi. En juillet 2014, dans le cadre des mesures gouvernementales visant à réduire la subvention directe que l'État accordait aux consommateurs des produits pétroliers raffinés, les tarifs de la TSPP étaient passés de 120 FCFA à 80 FCFA par litre de Super et de 65 FCFA à 60 FCFA par litre de gasoil. La Loi de Finances pour l'exercice 2017 les a revus et portés à 110 F/l pour l'essence super, et à 65F/l pour le gasoil.

223.- Le tableau n° 15 ci-dessous présente leur évolution à température ambiante depuis l'instauration de la TSPP. Ces taux sont fixés pour un litre de produit, sous-entendu à température ambiante. Pour leur application aux produits raffinés à température stabilisée, une conversion des taux est nécessaire[123].

[123] V. infra n° 224, (tableau 16).

Tableau 15 : Évolution des taux de TSPP

Exercices / Produits	Essence Super	Essence ordininaire	Gasoil
1984/1985	7	5	0
1985/1986	10	8	0
1986/1987	15	12	0
1987/1988	15	12	0
De 1988/1989 à 1990/1991	105	104	23
1991/1992	95	0	30
De 1992/1993 au 16/02/1994	95	0	13
Du 17/02/1994 à juin 2014	120	0	65
De 07/2014 à 12/2016	80	0	60
Depuis 01/2017	110	0	65

224.- Quant aux taux à utiliser pour la liquidation de la TSPP entre le 30 juin 2001 et le 30 juin 2014 à une température stabilisée à 15 °C, ils sont récapitulés dans le tableau n° 16 ci-dessous.

Tableau 16 : Taux de liquidation de la TSPP de juin 2001 à juin 2014, à température stabilisée

AFFECTATION / PRODUITS	TRÉSOR PUBLIC	FONDS ROUTIER	TOTAL TSPP
Essence super	101,4	20,28	121,64
Gasoil	20,20	45,45	65,65

§ 4 – La liquidation, le recouvrement et l'affectation de la TSPP

225.- Depuis la Loi de Finances 1998/99, le produit de la TSPP est affecté ainsi qu'il suit :

- une part pour le Trésor public (TP) ;
- une part pour la Redevance d'Usage de la Route (RUR) ou Fonds Routier (FR).

226.- Les parts Trésor public et RUR doivent être versées spontanément à la caisse du receveur des Impôts territorialement compétent au plus tard le 15 de chaque mois, pour les opérations réalisées au cours du mois précédent, par les redevables légaux (SONARA notamment) ou les redevables réels (les *Marketers*). Mais comme en matière de TVA[124] et de Droits de Douane[125],

- les sommes en jeu sont énormes ;
- les *Marketers* poursuivent les enlèvements jusqu'au dernier jour du mois à 0 heure, et ne payent en moyenne qu'à 30 jours[126].

227.- Il s'en est suivi une entente informelle entre les redevables légaux et l'Administration Fiscale pour que les reversements de taxe collectée se fassent le 15 du 2ème mois suivant celui de réalisation des enlèvements de produits. Cette disposition n'était plus accordée qu'à la SONARA. Pour les *Marketers* gérés directement par la Direction des Grandes Entreprises, le paiement devait bien intervenir le 15 du mois suivant celui des enlèvements de produits pétroliers. Ces dispositions ont été appliquées jusqu'en fin 2013.

228.- Jusqu'en 2010, les reversements dont ceux des exercices 2007 et 2008 sont repris dans le tableau n° 17 ci-dessous[127], se faisaient sur deux formulaires distincts à

---

[124] Voir infra, n° 272.

[125] Voir supra, n° 170 ss.

[126] En général, il ya deux paiements par mois, l'un pour les enlèvements de la première quinzaine du mois, et l'autre pour les enlèvements de la deuxième quinzaine du mois, dix jours après réception de la facture. Mais ce délai n'est pas souvent respecté.

[127] Données communiquées par Direction Générale des Impôts/DGE/cellule de Gestion et de suivi.

retirer auprès de la Direction Générale des Impôts, en quatre exemplaires chacun, utilisés comme suit :

- les deux premiers accompagnés du versement, sont déposés à la recette des impôts de la Direction des Grandes Entreprises de la Direction Générale des Impôts ;
- le 3e exemplaire doit être déposé par le redevable à la Direction des Impôts dans les 10 jours qui suivent la date de versement ;
- le quatrième exemplaire constitue la souche à conserver avec la quittance par le redevable.

Tableau 17 : Paiement et affectation de la TSPP (2007-2008)

EXERCICE	ORIGINE	AFFECTATION		
		TSPP /TP	TSPP/FR	TOTAL
2007	Marché national	28 901 485 440	36 777 995 635	65 679 481 075
2007	Autoconsommation	192 001 940	432 004 365	624 006 305
	CUMUL 2007	**29 093 487 380**	**37 210 000 000**	**66 303 487 380**
2008	Marché national	22 572 279 769	49 005 664 427	71 577 944 196
2008	Autoconsommation	48 535 750	582 429 000	630 964 750
	CUMUL 2008	**22 620 815 519**	**49 588 093 427**	**72 208 908 946**

Avec la Loi de Finances pour l'exercice 2011, il sera désormais émis un bulletin unique au profit du Receveur des Impôts, comprenant autant la part Trésor public que la part Fonds Routier. La part Fonds Routier sera *réservée* par le Trésor public dans un compte spécial intitulé « Fonds Routier », ouvert à la Banque des États de l'Afrique Centrale (BEAC). Le nombre d'exemplaires de la nouvelle déclaration devrait rester inchangé.

229.- La Loi de Finances pour l'exercice 2014 ayant introduit quelques aménagements sur le fait générateur de la TSPP, l'administration a réorganisé ses modalités pratiques de recouvrement. C'est ainsi que par diverses correspondances du 13 janvier 2014 à références identiques, le ministre des Finances informait les présidents du GPP et du GPC, les Directeurs Généraux des sociétés SCDP et SONARA, des nouvelles modalités de perception de la TSPP à compter du 1er janvier 2014[128]. Il s'agissait en définitive de la transmission des nouveaux formulaires de déclaration de la TSPP, et de la demande d'ouverture de comptes spécifiques TSPP faite à la SCDP et à la SONARA. Ces modalités pratiques de recouvrement de la TSPP sont sujettes à problème. En effet, pour une même taxe et pour les mêmes produits, le formulaire de déclaration est différent selon que l'on se situe à la SONARA ou à la SCDP. Aucune explication n'accompagne ces formulaires, qui auraient dû faire l'objet de discussion avec les principaux acteurs. L'Administration semble avoir voulu mettre ensemble certains objectifs difficiles à associer.

230.- La circulaire n° 001/MINFI/DGI/LC/L du 15 janvier 2014 précisant les modalités d'application des dispositions fiscales de la loi N°/2013/017 du 16 décembre 2013 portant Loi de Finances de la République du Cameroun pour l'exercice 2014 apporte quant à elle quelques informations sur les nouvelles dispositions. Elle fixe les nouvelles modalités de recouvrement en marge de la loi et de la pratique constante et quatre étapes de traitement de la TSPP.

---

[128] Lettre n° 000195/MINFI/DGI/C/L du 13 janvier 2014 relative aux modalités de perception de la TSPP à compter du 1er janvier 2014, respectivement à Monsieur le Président du GPP, Monsieur le Président du GPC, Monsieur le Directeur général de la SCDP, Monsieur le Directeur général de la SONARA.

231.- S'agissant des modalités de recouvrement, la TSPP doit être acquittée mensuellement au plus tard le 15 de chaque mois par les *Marketers* auprès de la SCDP, pour les enlèvements (directs ou indirects) du mois N-1, effectués à partir des dépôts SCDP, et auprès de la SONARA pour les enlèvements directs ou indirects du mois n-1 effectués à partir de la Raffinerie (PCCC de Limbé). La SCDP et la SONARA ont jusqu'au 20 du même mois pour souscrire et déposer leur déclaration de TSPP du mois n-1 qui précise en annexe la ventilation de cette déclaration par *Marketers* ou tout autre distributeur de produits pétroliers, y compris la part relative à des livraisons à soi-même. Ainsi, pour toutes les entreprises, qu'elles relèvent de la Direction des Grandes Entreprises ou des Centres des Impôts des Moyennes Entreprises, les enlèvements effectués au titre du mois de janvier 2014 feront l'objet de paiement à la SCDP ou à la SONARA au plus tard le 15 février 2014 dans des comptes dédiés ouverts à cet effet. Le reversement à la DGE par ces 2 entités (SCDP et SONARA) interviendra au plus tard le 20 février 2014 et ainsi de suite pour les mois suivants.

232.- En ce qui concerne les étapes de traitement de la TSPP, la première aborde la « liquidation de liquidation de la TSPP pour le compte du mois N-1 ». Elle institue :

- La transmission éventuelle par la SCDP de la base Taxable de la TSPP ou par la SONARA de l'état des enlèvements des produits à partir du PCCC entre le 02 et le 08 de chaque mois N pour les enlèvements du mois N-1 ;
- l'obtention de la validation par l'Administration des Douanes, de l'état des livraisons de Gasoil en soutes maritimes (Volumes V2) entre le 4 et le 10 du mois N pour les ventes du mois N-1 ;

- la transmission des volumes de Gasoil et de Super vendus aux clients exonérés par l'Administration Fiscale (Volumes V1) ;
- la détermination effective des volumes taxables par les *Marketers* et calcul de la TSPP.

233.- Quant à la deuxième étape relative au paiement de la TSPP par les *Marketers* pour le compte du mois N-1, le paiement effectué par chaque *Marketers* ou client final doit intervenir au plus tard le 15 du mois N pour les enlèvements du mois N-1 ainsi qu'il suit :

- Pour les enlèvements effectués à partir des dépôts SCDP, par l'émission d'un ordre devirement assorti d'un Ordre de paiement unique à l'ordre de la SCDP dans le compte ouvert par la SCDP à cet effet (Compte TSPP SCDP) ;
- Pour les enlèvements directs effectués à partir de la SONARA, par l'émission d'un ordre de virement assorti d'un Ordre de paiement unique à l'ordre de la SONARA dans le compte ouvert par la SONARA à cet effet (Compte TSPP SONARA).

234.- La SCDP et la SONARA se chargeront de transférer les montants collectés auprès des différents *Marketers* dans le compte du receveur des impôts de la DGE. Il ressort de cette deuxième étape que la circulaire instruit, en marge de la loi, la tenue de comptes dédiés « TSPP SONARA » ou « TSPP SCDP », selon le cas. Cependant, rien n'est dit sur les frais de tenue de ces comptes, qui devraient logiquement s'imputer sur le solde desdits comptes. Dans la pratique, c'est ce que font les redevables légaux. Il reste à voir comment l'imputation de ces frais de tenue de compte est traitée au niveau du Trésor public, le risque étant que seul le montant net encaissé soit retenu comme opération unique de recettes.

235.- La troisième étape traite des déclarations de la TSPP par les *Marketers* pour le compte du mois N-1 et prévoit :

• Le dépôt auprès de la SCDP et de la SONARA, selon le cas, au plus tard le 15 du mois N de deux (2) déclarations de la TSPP (une pour la SCDP, une pour la SONARA) accompagnées de l'ensemble des documents justificatifs desdites déclarations notamment de la déclaration de la Taxe spéciale sur les produits pétroliers (SCDP et SONARA) ; l'état de liquidation de la TSPP pour chaque déclaration (SCDP et SONARA) ; l'état des livraisons de Gasoil et Fuel oil en Soutes maritimes validé par la Douane ; l'état des ventes exonérées ; l'ordre de paiement déchargé par la Banque pour chacune des déclarations.

• Le dépôt auprès de la DGE ou des CIME d'une copie de la déclaration de la TSPP déchargée par la SCDP ou par la SONARA accompagnée de l'Attestation de paiement délivrée par ces redevables légaux.

• Que tout paiement effectué hors délai sera majoré des pénalités et intérêts de retard conformément à la législation en vigueur et le *Marketer* en cause encourra la suspension des enlèvements de produits pétroliers jusqu'à la régularisation de sa situation.

236.- Avec ces trois premières étapes, la notion de facture Toutes Taxes Comprises (TTC) se trouve modifiée, la TSPP devant être établie hors facture commerciale, pour respecter son délai de paiement et son encaissement dans un compte dédié. De plus, la circulaire veut donner des pouvoirs non prévus par la loi aux redevables légaux, en précisant *qu'en leur qualité de redevables légaux de la TSPP, la SCDP et la SONARA sont tenues d'exiger le paiement de la taxe au titre du mois précédent, préalablement à toute livraison ou récupération des* *produits pétroliers, contre délivrance d'une attestation de paiement.*

237.- Enfin, la quatrième étape encadre la déclaration et le reversement au Trésor public de la TSPP par la SCDP ou la SONARA. Elle dispose ainsi qu'au plus tard, le 20 du Mois N, la SCDP et la SONARA, chacun en ce qui le concerne, doivent établir une déclaration de la TSPP perçue au titre du mois N-1. Cette déclaration devra être accompagnée d'un ordre de paiement unique établi au profit du Trésor public, devra être accompagnée de la liste des compagnies ayant effectué le paiement. Cette liste devra comporter :

- le nom et la raison sociale nom de la compagnie ;
- le numéro d'immatriculation ;
- le montant de la TSPP payée au titre du mois N-1 ;
- les références de l'attestation produite par la SCDP ou par la SONARA.

Les enlèvements des produits pétroliers sont dorénavant conditionnés par le paiement de la TSPP due au titre du mois précédent et le dépôt des justificatifs de paiement auprès de la SCDP ou la SONARA.

238.- Depuis la Loi de Finances pour l'exercice 2017, les *Marketers* ne font plus transiter leurs paiements par la SCDP ni par la SONARA. Ils le font directement auprès du Trésor public. Depuis le 1er janvier 2018, les formulaires de déclaration de la TSPP ont à nouveau évolué. La TSPP sera désormais incluse dans la « déclaration des taxes minières et de l'eau », qu'elle provienne de la SONARA ou de la SCDP. Or la TSPP n'est ni une taxe minière ni une taxe de l'eau. Cette révision du formulaire n'est ni judicieuse ni efficiente.

CHAPITRE 3

LA TAXE SUR LA VALEUR AJOUTÉE (TVA)

239.- La TVA a été instituée au Cameroun par l'article huitième de la loi n° 98/009 du 1er juillet 1998, portant Loi de Finances de la République du Cameroun pour l'exercice 1998/1999. Sa date d'entrée en vigueur était fixée au 1er janvier 1999. Elle a succédé à la Taxe sur le Chiffre d'Affaires (TCA), qui était une étape transitoire dans le programme des réformes régionales, qui comprenait d'une part l'harmonisation du droit des affaires et d'autre part la réforme fiscalo-douanière. Si la TVA reste standard dans son cadre institutionnel (section 1), elle présente néanmoins un certain nombre de particularités lorsqu'elle s'applique aux produits pétroliers (section 2).

Section 1 – Le cadre institutionnel de la TVA

240.- Avant 1994, on ne parlait que de l'Impôt sur le Chiffre d'Affaires Intérieur (ICAI). C'est l'ordonnance n° 94/002 du 2 janvier 1994 relative à la réforme fiscalo-douanière en UDEAC (CEMAC), qui institue la TCA, première étape vers la TVA, en vigueur depuis le 1er janvier 1999. Cette TVA possède un certain nombre de caractères généraux, que nous pouvons regrouper en cinq points : le champ d'application (§ 1), l'assiette (§ 2), les taux (§ 3), le régime des déductions (§ 4) et les obligations des redevables (§ 5).

§ 1 – Un champ d'application de la TVA très large.

241.- La TVA s'applique tant à des personnes (A) qu'à des opérations (B).

A – Les personnes imposables

242.- Les personnes physiques ou morales, y compris les collectivités territoriales décentralisées et les organismes de droit public, qui réalisent à titre habituel ou occasionnel et d'une manière indépendante, des opérations imposables entrant dans son champ d'application, sont assujetties à la TVA. Cet assujettissement ne tient compte ni de leur statut juridique, leur situation au regard des autres impôts, ni de la forme ou de la nature de leurs interventions.

B – Les opérations imposables

243.- Les opérations imposables comprennent des opérations relevant d'une activité économique effectuées par un assujetti, celles spécialement désignées par la loi et enfin celles pouvant être assujetties par voie d'option. Les activités économiques s'entendent de toutes les activités de production, d'importation, de prestations de services et de distribution, y compris les activités extractives, agricoles, agro-industrielles, forestières, artisanales, et celles des professions libérales ou assimilées.

244.- La loi donne une énumération exhaustive des opérations imposables[129]. Cependant, la loi prévoit également un nombre important d'exonérations[130]. De plus, la TVA comporte un caractère territorial : elle s'applique aux opérations réalisées au Cameroun, même lorsque le domicile ou le siège social du redevable réel est situé en dehors des limites territoriales du Cameroun. La Taxe sur

[129] CGI, art. 127.

[130] CGI, art. 128. À cela, s'ajoutent les exonérations prévues dans le cadre de la loi n° 2013/004 du 18 avril 2013 fixant les incitations à l'investissement privé en République du Cameroun.

la Valeur ajoutée est établie au lieu de la prestation ou de l'utilisation du service, de la production ou de la première mise à la consommation. Lorsque ce lieu est différent du siège social ou du principal établissement, le redevable est tenu de désigner à l'Administration fiscale, audit lieu, un représentant solvable accrédité, résidant sur le territoire du Cameroun qui est solidairement responsable, avec lui, du paiement de la Taxe sur la Valeur ajoutée. Des règles particulières sont prévues à l'égard des exportations et de certaines opérations assimilées.

§ 2 – L'assiette, le fait générateur et l'exigibilité

245.- En ce qui concerne l'assiette et le moment où interviennent le fait générateur et l'exigibilité de la taxe, les règles applicables varient suivant la nature des opérations imposables[131] : livraisons des biens et marchandises (y compris à soi-même), s'agissant des ventes, des échanges et des travaux à façon ; exécution des services et travaux s'agissant des ventes, des échanges et des travaux à façon ; encaissement du prix, des acomptes ou avances y compris les avances de démarrage s'agissant des prestations de services et des travaux immobiliers, les opérations concourant à l'habitat social et à l'aménagement des zones industrielles ainsi que des tranches de services et travaux, y compris pour les fournisseurs de l'État, des administrations publiques dotées d'un budget annexe, des établissements et entreprises publics et des collectivités territoriales décentralisées ; importation des biens et marchandises telle que définie dans le Code des Douanes de la CEMAC ; opérations de crédit à la consommation ou de crédit-bail réalisées par les établissements financiers, à l'échéance des intérêts ou des loyers. Certaines opérations sont cependant

[131] CGI, art. 132, 133 et 135.

expressément exclues de l'assiette[132]. C'est le cas des biens de première nécessité figurant à l'annexe 1 du CGI.

§ 3 – Les taux de TVA

246.- La Taxe sur la Valeur ajoutée a en principe un taux général et un taux zéro (A). Mais une grande confusion existe dans l'esprit des personnes les plus avisées lorsqu'il faut parler du taux général, au regard des centimes additionnels qui s'y grèvent (B).

A – Taux général et taux zéro

247.- Avec la Loi de Finances pour l'exercice 2000-2001, le nombre de taux est passé à deux au Cameroun : le taux 0 et le taux général de 17 %. La Loi de Finances pour l'exercice 2007, tout en conservant deux taux, a passé le taux général à 17,5 %. Ce taux général s'applique sur les opérations accomplies à titre onéreux dans le cadre d'une activité économique. Une directive de la CEMAC fixe ce taux dans une fourchette comprise entre 15 % et 18 %, à l'exclusion des opérations soumises au taux zéro telles les exportations.

B – Taux de TVA et CAC

248.- En général, on note un amalgame entre le taux de la TVA et celui d'une autre taxe, les Centimes Additionnels Communaux (CAC), assis sur certains impôts et taxes dont la TVA, et représentant 10 % du montant de la taxe. Pour des raisons de rapidité dans leur liquidation, on a parfois tendance à inclure les CAC dans le calcul de la TVA, et ainsi appliquer un taux global de 19,25 % (17,5 % + (17,5 %*10 %)). Même si cet amalgame se retrouve souvent au sein même de la Direction Générale des Impôts (DGI), cela ne doit toutefois pas amener à ignorer

---

132 CGI, art. 137.

l'existence de ces deux éléments d'imposition distincts. Lorsque cette distinction est respectée, le taux de la TVA reste bien contenu dans la directive CEMAC[133].

§ 4 – Le régime des déductions

249 Le régime des déductions suit un principe général (B) pour atteindre un objectif précis (A). Il s'ensuit que les déductions sont soumises à des conditions précises (C) ; ceci peut amener à des situations exceptionnelles de crédit d'impôt (D).

A – Objectif des déductions

250.- L'objectif est de faire en sorte qu'à chaque stade de la production et de la distribution, la taxe frappe seulement la « valeur ajoutée ». Ainsi, à la fin du cycle suivi par le produit, la charge fiscale globale l'ayant finalement grevé correspond à la taxe calculée sur le prix de vente au consommateur. Ce principe amène parfois à penser, dans l'analyse de la structure des prix[134], qu'il y a une TVA échelonnée.

B – Principe général

251.- En règle générale dans la pratique, il y a une TVA facturée aux clients au moment des ventes, et une TVA supportée lors des achats. Cette dernière vient en diminution de la TVA collectée sur les ventes, et c'est le

---

[133] Directive CEMAC n° 1/99/CEMAC-028-CM-03 du 17 décembre 1999 portant harmonisation des législations des États membres en matière de TVA et de Droits d'Accise (DA), art. 21-1. Certains commentaires laissent en effet penser que ce taux se situe au-delà des limites fixées par la Directive. Dans son rapport sur l'examen de la politique fiscale (hors pétrole) du Cameroun de mars 2006, le FMI avait en effet conclu à la violation de la directive CEMAC relative à la TVA, en matière de taux.

[134] V. supra, n° 118 ss.

reliquat qui est reversé à l'Administration Fiscale. La loi dispose ainsi que : « La Taxe sur la Valeur ajoutée ayant frappé en amont le prix d'une opération imposable est déductible de la taxe applicable à cette opération, pour les assujettis immatriculés et soumis au régime du réel »[135], ceci suivant certaines modalités. Jusqu'en 2009, la déduction s'opérait avec un décalage d'un mois. Depuis 2010, cette règle est supprimée. Désormais, la Taxe sur la Valeur ajoutée qui a grevé les éléments du prix d'une opération imposable est déductible au cours du mois auquel elle se rapporte. Autrement dit, la TVA déductible d'un mois est déductible de la TVA collectée du même mois.

C - Conditions de déductibilité

252.- Pour être déductible, la Taxe sur la Valeur ajoutée doit figurer de façon générale sur une facture dûment délivrée par un fournisseur immatriculé et soumis au régime du réel et mentionnant son numéro d'identifiant unique. Toutefois, en ce qui concerne les fournisseurs étrangers, ces conditions ne sont pas exigées. En cas d'importation, cette TVA doit figurer sur la déclaration de mise à la consommation ; en ce qui concerne les livraisons à soi-même, cette TVA doit figurer sur une déclaration spéciale souscrite par le redevable lui-même. Pour les opérations taxables d'une valeur au moins égale à cent mille (100 000) francs CFA, le droit à déduction n'est autorisé qu'à condition que lesdites opérations n'aient pas été payées en espèces. Le droit à déduction prend naissance dès lors que l'exigibilité est intervenue chez le fournisseur. Il est exercé jusqu'à la fin du deuxième exercice fiscal qui suit celui au cours duquel la Taxe sur la Valeur ajoutée est devenue exigible. La Taxe sur la Valeur ajoutée retenue à la source ouvre droit à déduction sur présentation de l'attestation de

---

[135] CGI, art. 143 (1).

retenue à la source délivrée par l'entité habilitée à procéder à la retenue à la source des impôts et taxes.

253.- Certaines dépenses ne sont pas admises pour la déduction de la TVA. Il s'agit notamment des dépenses de logement, d'hébergement, de restauration, de réception, de spectacles et de location de véhicule de tourisme et de transport de personnes, lorsqu'elles ne sont pas supportées par les professionnels du tourisme, de la restauration, du spectacle et les concessionnaires automobiles.[136] C'est aussi le cas des importations de biens liés à l'exploitation, non utilisés et réexportés en l'état ; des services afférents à des biens exclus du droit à déduction. Pour les assujettis qui ne réalisent pas exclusivement des opérations ouvrant droit à déduction, la déduction s'opère par application d'un prorata. Ce prorata s'applique tant aux immobilisations qu'aux biens et services. Il est calculé en divisant la fraction de chiffre d'affaires afférente aux opérations imposables augmentée des exportations, par le chiffre d'affaires total de l'assujetti[137]. Un prorata provisoire est défini en début d'exercice à partir des données de l'exercice précédent. Le prorata définitif est arrêté au plus tard le 31 mars de chaque année. La déduction n'est admise que si le prorata est supérieur ou égal à 10 %.

D - Situations de Crédit d'impôt

254.- Il peut arriver que le montant de la TVA déductible soit supérieur à celui de la TVA collectée. Il y a alors un crédit de TVA récupérable sur les déclarations suivantes. Pour les entreprises en situation de crédit structurel, la loi a prévu une procédure de remboursement. Cependant, seuls donnaient lieu à remboursement les crédits d'un montant supérieur à 100 millions de FCFA pour les industriels et les

---

[136] CGI, art. 144.
[137] CGI, art. 147.

établissements de crédit-bail ayant réalisé des investissements fixés par voie réglementaire.

255.- Or, dans un contexte où des marges de manœuvre plus importantes doivent être laissées aux entreprises pour créer la richesse et stimuler l'investissement, ces limitations sont apparues comme des freins à l'expansion des entreprises, et notamment des PME. C'est pourquoi la Loi de Finances de l'exercice 2007 a assoupli les conditions d'éligibilité au remboursement des crédits de TVA, en supprimant toutes les discriminations tenant à leur montant[138]. Pour les entreprises en situation de crédit structurel du fait des retenues à la source, les remboursements se feront dans un délai de trois mois à compter du 1er janvier 2011[139]. Face aux nombreuses difficultés auxquelles elle a été confrontée, cette procédure a été revue successivement par les Lois de Finances pour les exercices 2012 et 2018.

256.- Dorénavant, sont recevables les demandes de remboursement des crédits de TVA éligibles, assorties des pièces justificatives, introduites par voie électronique auprès des services fiscaux compétents. Les remboursements des crédits TVA se font dans les délais visés à l'article 149 du CGI et selon les modalités ci-après introduites par l'article 149 bis du CGI :

- Pour les entreprises à risque faible, le remboursement s'effectue automatiquement sans que ne soit mise en œuvre une procédure de contrôle de validation préalable ;
- Pour les entreprises à risque moyen, le remboursement s'effectue au terme d'une procédure de contrôle de validation des crédits ;

---

[138] CGI, art. 149 (3).

[139] CGI, art. 149 (3) complété par la Loi de Finances pour l'exercice 2011.

- Pour les entreprises à risque élevé, le remboursement ne peut intervenir qu'au terme d'une procédure de vérification générale de comptabilité.

257.- Au sens de ces dispositions légales, sont considérées comme entreprises à risque faible, celles remplissant à la date d'introduction de leur demande, les critères cumulatifs ci-après :

- appartenir au portefeuille de la Direction des Grandes Entreprises ;
- ne pas avoir d'arriérés fiscaux y compris dans le cadre d'un contentieux fiscal ;
- avoir régulièrement bénéficié de remboursements de crédits de taxe sur la valeur ajoutée au cours des trois (3) derniers exercices non remis en cause à l'occasion d'un contrôle fiscal.

258.- Sont considérées comme entreprises à risque moyen, celles remplissant à la date d'introduction de leur demande, les critères cumulatifs ci-après :

- appartenir au portefeuille de la Direction des grandes entreprises ou des Centres des impôts de moyennes entreprises ;
- ne pas avoir d'arriérés fiscaux sauf dans le cadre d'un contentieux fiscal ;
- avoir régulièrement bénéficié de remboursements de crédits de TVA au cours d'un exercice fiscal clos non remis en cause à l'occasion d'un contrôle fiscal.

259.- Sont considérées comme entreprises à risque élevé, celles n'appartenant à aucune des catégories ci-dessus. Une décision du ministre en charge des Finances arrête périodiquement la liste des entreprises à risque faible ou à risque moyen. Pour le premier trimestre 2018, dix-sept (17) entreprises ont été retenues comme présentant un risque faible[140].

§ 5 – Obligations des redevables

260.- Les redevables de la TVA sont astreints à diverses obligations concernant notamment la tenue de la comptabilité (A), la facturation (B), les déclarations de chiffre d'affaires et le paiement de l'impôt (C).

A – Obligation tenant à la comptabilité

261.- S'agissant de la comptabilité, les redevables de la TVA doivent tenir une comptabilité régulière, en conformité avec l'Acte Uniforme OHADA relatif au droit comptable. La comptabilité doit notamment distinguer le chiffre d'affaires réel et les taxes qui s'y rapportent ; elle doit en outre se fonder sur un manuel de procédures administratives, financières et comptable.

B – Obligations liées à la facture

262.- En ce qui concerne la facture, elle doit présenter la nature et la quantité des éléments vendus, le prix unitaire et le prix total hors taxes, les taux et montant des taxes intermédiaires s'il y a lieu (Droit d'Accise par exemple), le taux et le montant de la TVA, le montant total toutes taxes comprises, la mention « exonérée » ou « prise en charge État » le cas échéant, par produit. Les redevables doivent aussi mentionner obligatoirement sur lesdites factures, leur numéro d'identifiant unique ainsi que celui du client concerné, leur raison sociale, leur dénomination, leur

---

[140] Décision n° 0037/MINFI/DGI du 9 janvier 2018, portant classification des entreprises dans le cadre de la procédure de remboursement des crédits de Taxe sur la Valeur ajoutée.

adresse précise avec numéro du registre de commerce, l'identité complète du client[141].

C – Obligations relevant des déclarations et du paiement

263.- Quant aux déclarations de chiffre d'affaires, elles se font tous les quinze du mois pour les opérations du mois écoulé (pour les redevables soumis au régime du réel et au régime simplifié), sur un formulaire délivré par l'Administration Fiscale. Ce formulaire est un document très général, qui ne prévoit pas toutes les opérations existantes en matière de distribution des produits pétroliers (ventes de produits taxables à des clients exonérés, soutage international assimilé à des exportations sans en être en réalité...). Les déclarations doivent être déposées au Centre des Impôts territorialement compétent et être accompagnées des moyens de paiement correspondant aux montants liquidés. Les paiements se font à la caisse du Receveur des Impôts, dont dépend son siège social, son principal établissement ou le responsable accrédité par lui. Cependant, les « Grandes Entreprises » doivent souscrire et régler leurs déclarations auprès de la Direction des Grandes Entreprises. Les déclarations doivent être datées et signées par le contribuable ou son représentant fiscal dûment mandaté. Ces déclarations font apparaître clairement le chiffre d'affaires imposable par destination, la TVA collectée, la TVA déductible et la TVA retenue à la source le cas échéant. La retenue à la source avait été supprimée par la Loi de Finances pour l'exercice 2008 en ce qui

[141] CGI, art. 150 (5) complété par la Loi de Finances pour l'exercice 2011.

concerne la TVA ; elle a été réintroduite par la Loi de Finances pour l'exercice 2011[142].

Section 2 – Les particularités de la TVA sur les produits pétroliers

264.- Dans sa version initiale, la réforme fiscale de la TCA ne frappait pas les produits pétroliers[143]. L'extension a été faite par l'ordonnance n° 94/004 du 16 février 1994, portant fiscalité des produits pétroliers. Son taux était de 12,5 % au lieu de 13,75 % et ne concernait que le super et le gasoil. La Loi de Finances pour l'exercice 2000/2001 a intégré dans le champ d'application de la TVA la totalité des produits pétroliers, et notamment le fuel-oil et le kéro. Le pétrole lampant et le butane sont considérés comme des biens de première nécessité et de ce fait exonérés de TVA. Il est néanmoins surprenant de constater que les diverses structures de prix des produits pétroliers font clairement apparaître la TVA sur le pétrole lampant.

265.- Cette pratique est contraire au régime financier de l'État[144] et à la constitution du Cameroun[145]. Elle a pour conséquence de gonfler anormalement son prix. Ce traitement n'a pour seul intérêt que de permettre aux *Marketers* de contourner la règle du prorata de déduction de la TVA. Au niveau des Finances publiques, cette pratique contribue à l'alourdissement du soutien de l'État à la

---

[142] V. à ce sujet nos commentaires et observations sur *l'examen de la politique fiscale (hors pétrole) du Cameroun* par le FMI, mars 2007 et la contribution intitulée *Les nouveautés fiscales en 2011*.

[143] V. correspondance GICAM n° RL/DY-Y-109/01/94 du 6 janvier 1994 au MINEFI.

[144] Loi n° 2018/012 du 11 juillet 2018 portant Régime Financier de l'État et des autres entités publiques, article 5 (1).

[145] Constitution de la République du Cameroun, art. 26, d), 3°.

consommation, couramment appelé manque à gagner (MAG) supporté par l'État.

266.- L'exonération supprime en effet, à due concurrence, le droit à déduction aux assujettis qui en bénéficient. La facturation aux gérants de stations-service se fait toutes taxes comprises, sans faire apparaître distinctement la TCA tandis que la facturation aux industriels et autres assujettis à la TCA suivant le régime du réel devra faire apparaître la taxe pour en permettre la déduction[146]. Cette pratique est reconduite avec l'avènement de la TVA. Toutefois, l'application de la TVA aux opérations réalisées sur les produits pétroliers diffère selon que ces opérations se situent avant la mise à la consommation des produits (§ 1), au moment de celle-ci (§ 2) ou après celle-ci (§ 3) ou en cas d'exportation (§ 4).

§ 1 – Avant la mise à la consommation

267.- Les opérations portant sur les produits pétroliers réalisées antérieurement à leur mise à la consommation sont effectuées en suspension de la TVA. En effet, les produits qui sont livrés à la consommation à la sortie des raffineries ou des dépôts sont considérés comme importés et soumis, par les services des Douanes, aux droits et taxes dont la perception incombe à cette administration. Pour tenir compte des conditions particulières qui régissent ces activités, un système de suspension de taxes diffère, jusqu'à la mise à la consommation, l'exigibilité de la Taxe sur la Valeur ajoutée afférente à certaines opérations limitativement énumérées.

268.- Le régime suspensif a pour objet de reporter à un stade ultérieur l'exigibilité de l'impôt normalement dû.

---

[146] Voir correspondance MINEFI n° 860/CF/MINEFI du 4 mars 1994 du ministre de l'Économie et des Finances au Directeur général de la SONARA.

L'application de ce régime est généralement assortie de conditions soit formelles (attestation) soit de fait (qualité du client ou utilisation du produit) ; lorsque ces conditions ne sont pas satisfaites ou cessent de l'être, la taxe devient exigible. L'Administration peut éventuellement exiger la garantie d'une caution[147].

269.- D'une manière générale, les mouvements de produits pétroliers de la SONARA vers les entrepôts de la SCDP ne constituaient pas des mises à la consommation. Ils sont sous le régime douanier du cabotage, qui est également suspensif[148]. À leur entrée dans les entrepôts de la SCDP, ces mêmes produits sont sous le régime de l'entrepôt[149] pétrolier, également suspensif. Par conséquent, la TVA ne peut être exigible à la sortie SONARA, même si elle est collectée par elle à la sortie des entrepôts de la SCDP. Le nouveau régime douanier mis en place à travers la Loi de Finances pour l'exercice 2018 et les textes réglementaires qui ont suivi n'ont pas apporté de modifications précises sur ces principes. L'apport de la TVA sur les produits pétroliers au budget de l'État est considérable et se résume dans le tableau n° 18 ci-dessous[150].

---

[147] Instruction ministérielle n° 01539/MINEFI/D du 17 juillet 2000 portant procédure d'exportation des produits pétroliers, IV. Voir également la circulaire n° 004/MINFI/DGD du 4 janvier 2018 précisant les modalités d'application de certaines dispositions de la loi n° 2017/021 du 20 décembre 2017 portant Loi de Finances pour l'exercice 2018, p) en ce qui concerne les Droits de Douane.

[148] Code des Douanes de la CEMAC, art. 155 al. 2. Texte des amendements apportés à la Convention de Kyoto, annexe spécifique E, chapitre 3.

[149] Code des Douanes de la CEMAC, art. 187 ss.

[150] Les chiffres sont issus des déclarations mensuelles de TVA de la SONARA.

Tableau 18 : Contribution de la TVA sur produits pétroliers au budget de l'État

EXERCICES	ELEMENTS					
	TVA COLLECTEE	SOUTIEN DE L'ETAT	TVA DEDUITE	RETENUE A LA SOURCE	TVA REGULARISEE	TVA PAYEE
2000 -2001	29 309 269 813	-19 683 797 709	-2 337 599 076	3 222 294 852	785 361 678	11 396 235 072
2001 - 2002	24 791 470 927	-5 465 922 555	-9 229 594 674	4 607 771 906	737 776 266	15 441 501 870
2002 Transitoire	10 646 802 684	-1 544 807 503	-3 722 920 314	2 709 417 484	364 568 334	8 453 060 685
2003	25 225 406 817		-4 252 083 131	2 161 765 410	1 914 389 244	25 049 478 340
2004	24 625 790 004		-5 800 001 492	3 261 337 852	2 037 775 260	24 124 901 624
2005	31 246 201 592		-4 961 713 827	1 381 989 431	596 810 709	28 263 287 905
2006	31 018 640 515		-5 806 364 601	1 409 263 072	700 636 672	27 322 175 658
2007	33 358 763 186		-6 085 153 137	2 304 424 449	1 199 471 593	30 777 506 091
2008	88 820 023 444	-50 700 032 311	-6 739 209 996	783 377 535	-3 032 701 746	29 131 456 926
2009	51 655 598 649		-7 961 872 943	1 754 445 983	1 730 736 618	47 178 908 307
2010, 1er semestre	36 002 798 240		-5 445 318 468	707 660 538	-77 611 677	31 187 528 633

§ 2 – Lors de la mise à la consommation

270.- La mise à la consommation est une opération douanière qui comporte une déclaration par laquelle une personne manifeste sa volonté de libérer de la surveillance et des sujétions douanières des produits qui y étaient auparavant soumis[151]. Le décret n° 2000/935/PM du 13 novembre 2000, fixant les conditions d'exercice des activités du secteur pétrolier aval s'écarte légèrement de ce principe. Il définit en effet la mise à la consommation comme « l'exploitation de stations-service, de centre de redistribution, de points de vente, de peddler ou d'installations pétrolières à usage privé ». Il s'agit d'une erreur qui devrait être corrigée.

271.- Toute opération de mise à la consommation sur le marché intérieur de produits pétroliers rend la TVA exigible. La mise à la consommation a lieu à la sortie des entrepôts de la SCDP ou du poste de chargement des

[151] Voir annexe spécifique B/chapitre 1 (F2./E1) du Code des Douanes de la CEMAC.

camions citernes de la raffinerie. La valeur imposable lors de la mise à la consommation est la valeur ex- SONARA validée et diffusée par la CSPH. Nous avons vu plus haut la détermination de la valeur ex-SONARA[152], qui intègre les frais d'approche. Or en application des principes de l'extra-territorialité et de l'article 138 (1) du CGI, les frais d'approche devraient être exclus de cette base.

272.- Depuis l'exercice 1998/1999, la TVA est directement perçue par l'Administration des impôts. Mais elle n'est tacitement exigible de la SONARA que 45 jours (au lieu de 15) après le mois d'enlèvement des produits par les *Marketers*[153]. Les déclarations se font sur les mêmes formulaires que ceux délivrés par l'Administration Fiscale en droit commun[154]. Or, la vente de produits pétroliers emporte un certain nombre d'opérations qui nécessiteraient la création de lignes spécifiques dans la déclaration. C'est le cas des ventes de produits taxables à des clients exonérés, des opérations de soutage assimilées aux exportations.

§ 3 – Après la mise à la consommation

273.- Les transactions portant sur les produits pétroliers après leur mise à la consommation sont passibles de la TVA dans les conditions de droit commun. Les opérations ultérieures de livraison, dont l'ensemble constitue la « distribution des produits pétroliers », ouvrent droit normalement à la déduction de la taxe qui a grevé les

---

[152] Voir supra, n° 83 ss.
[153] Voir supra, n° 170 et 227. Cependant, ce délai tacite devra dans un proche avenir, être intégré dans une Loi de Finances ou être abandonné. En effet, la loi n° 2018/012 du 11 juillet 2018 portant Régime Financier de l'État et des autres entités publiques prévoit, en son article 5 (1), prévoit que « l'assiette, le taux, les modalités de recouvrement, des prélèvements obligatoires ne peuvent être établis, supprimés ou modifiés que par une Loi de Finances ».
[154] Voir supra, n° 263.

éléments constitutifs du prix (acquisition des produits eux-mêmes, immobilisations, transport, frais généraux…).

274.- Mais comme nous l'avons vu, la TVA découlant des régimes suspensifs ne suit pas le régime des déductions. C'est ainsi que la TVA sur produits pétroliers (à la sortie usine ou à l'importation), cabotage, passage dépôt et redevance portuaire n'est pas enregistrée comme une TVA déductible sur achats, mais plutôt comme un élément du coût d'achat des produits pétroliers. Au regard de la structure des prix, cette méthode est sans conséquence pour le consommateur final, qui ne déduit pas la TVA. Elle est par ailleurs conforme à l'interdiction émanant de la directive CEMAC d'appliquer la TVA aux détaillants de produits pétroliers[155]. Enfin, cette méthode présente un avantage certain pour la sécurisation des recettes de l'État. Seule est enregistrée distinctement la TVA sur distribution et livraison-ville, considérée comme collectée par les *Marketers*.

§ 4 – Cas des exportations

275.- Depuis la Loi de Finances 2000-2001, toutes les exportations de produits pétroliers sont soumises à la TVA au taux zéro. Cette mesure tend à ne plus pénaliser les activités de la SONARA, par l'application du prorata de déduction qui induit des effets de rémanence. L'ajout apporté à ce texte introduit dans le champ d'application de la TVA l'ensemble des produits pétroliers de cette entreprise, y compris notamment le jet, le kérosène, tout comme le sont ceux importés des pays tiers[156]. Cependant,

---

[155] Directive CEMAC n° 1/99/CEMAC-028-CM-03 du 17 décembre 1999, précitée, art. 6.

[156] Instruction n° 419/MINEFI/DI/L/CI du 11 août 2000 portant application de certaines dispositions de la Loi de Finances pour l'exercice 2000/2001.

le bénéfice du taux zéro pour les exportations de produits pétroliers n'est pas automatique. Il est subordonné à la présentation d'une « attestation d'exportation effective », que délivrent les services compétents de la Direction Générale des Douanes. Son obtention n'était pas toujours aisée avant la réforme de 2018[157].

---

[157] V. supra n° 198 ; infra, n° 289.

DEUXIÈME PARTIE

LES LIMITES DE LA FISCALITÉ ET DE LA DÉTERMINATION DES PRIX DES PRODUITS PÉTROLIERS ET LES NÉCESSAIRES AMÉNAGEMENTS

276.- Les analyses qui ont précédé montrent que la fiscalité et la détermination des prix des produits pétroliers au Cameroun ont connu, au fil des temps, tantôt des améliorations, tantôt des dégradations. Il persiste un certain nombre de limites (titre premier) que nous récapitulons ici, avant d'envisager les nécessaires aménagements (titre deuxième).

TITRE PREMIER

LES LIMITES DE LA FISCALITÉ ET DE LA DÉTERMINATION DES PRIX DES PRODUITS PÉTROLIERS

277.- Les opérations exceptionnelles que sont le soutage international et les exportations, le caractère volatile des produits pétroliers du fait des variations climatiques notamment, révèlent une insuffisante maîtrise de l'assiette (chapitre 1). Aux problèmes ci-dessus, s'ajoutent les exonérations, le soutien de l'État à la consommation, le surcroît de travail qui rendent difficile la gestion des impôts (chapitre 2).

CHAPITRE 1

L'INSUFFISANTE MAÎTRISE DE L'ASSIETTE

278.- L'assiette est la valeur sur laquelle l'impôt ou la taxe doit être calculé. Son insuffisante maîtrise ici est liée à la nature et au caractère des produits. Ils sont essentiellement liquides et volatiles (section 1). Par ailleurs, certaines opérations exceptionnelles (section 2) relevant tant de l'Administration Fiscale, des collecteurs que des *Marketers*, contribuent à rendre difficile la gestion des impôts.

Section 1 – Le caractère volatile des produits

279.- La TSPP est assise sur les quantités d'essence super et de gasoil écoulées sur le marché intérieur. Pour les besoins du marché, ces produits sont acheminés d'une région à l'autre à l'aide de récipients-mesures[158] mobiles utilisés pour les transports routiers, ferroviaires, maritimes et fluviaux. Ces mouvements de produits subissent l'effet des variations climatiques (§ 1) et des coulages de transport (§ 2).

§ 1 - Les variations climatiques

280.- Les récipients-mesures affectés au transport des produits pétroliers obéissent à des normes internationales,

---

[158] Les récipients-mesures sont des récipients utilisés pour le stockage, le transport ou la livraison d'un liquide et pouvant servir au mesurage de ce liquide. Pour ce faire, ils doivent spécialement être adaptés à l'usage auquel ils sont destinés et posséder les qualités métrologiques réglementaires.

eu égard au caractère dangereux des produits : ossature acier avec fond intérieur en aluminium. Malgré ces précautions techniques, les contenants subissent l'influence du climat suite aux variations à la hausse ou à la baisse. Cela peut engendrer une instabilité des bases d'imposition assises sur les quantités. Cette instabilité est plus sensible sur les transports routier et ferroviaire[159]. Ces variations pourraient être plutôt profitables à l'État, les produits ayant tendance à se dilater lorsque la température augmente. Mais la situation inverse pourrait également se produire.

§ 2 – Les coulages de transport

281.- Les véhicules et navires affectés au transport des produits pétroliers doivent être spécialement équipés comme nous l'avons précisé plus haut[160]. Malgré cela, les opérations de transport de produits pétroliers enregistrent des écarts dus soit à la volonté de leurs acteurs (vol, dissimulation), soit à l'État du parcours (secousses, inclinaisons), soit enfin à tout autre aléa (accident).

282.- Ces écarts constituent des pertes de produits que l'on nomme « coulage de transport ». Si l'évaluation de ces pertes est aisée à la SONARA et à la SCDP, elle est difficile pour les services fiscaux, notamment ceux de la Direction Générale des Impôts. Ceux-ci n'ont en effet pas la technicité nécessaire pour apprécier le coulage, et se contentent en général des chiffres qui leur sont communiqués par les distributeurs.

283.- Pourtant, des stages théoriques et pratiques sont périodiquement organisés au profit des personnels du MINFI et du ministère en charge du Commerce. Mais seuls

---

[159] Sur ce plan, on peut considérer que les Pouvoirs Publics avaient pris des précautions à l'époque en rendant la SONARA, principal collecteur de la TSPP (v. supra, n° 207).

[160] V. supra, n° 280.

les personnels de la Sous-Direction de la Métrologie (Direction des Prix et de la Métrologie) y ont été associés. Ces séminaires leur ont été très bénéfiques comme le soulignait le ministre de l'Économie et des Finances dans sa correspondance n° 009/MINEFI/DPM/SDM du 7 août 2001 adressée à Monsieur le Directeur général de la SONARA. Ces stages devraient être rendus obligatoires pour les personnels affectés aux services d'assiette.

284.- Les pertes dues au coulage ne sont pas considérées comme chiffre d'affaires ; elles ne sont de ce fait pas soumises aux différents impôts et taxes applicables aux produits pétroliers. Ceci entraîne un manque à gagner pour l'État, notamment sur les impôts liés au résultat. En effet, en l'absence de toute réglementation, ces pertes sont traitées comme des charges déductibles. S'agissant des impôts liés au chiffre d'affaires, nous avons vu que l'État a abusivement assujetti les coulages, au niveau des *Marketers,* à la TVA.

Section 2 – Les opérations exceptionnelles

285.- Le Code des Douanes, dans ses articles 242 ss, et les amendements à la convention de KYOTO, dans l'annexe spécifique J ont prévu des dispositions d'exception en ce qui concerne les produits pétroliers destinés au soutage international (§ 1). Ces dispositions sont reprises par l'article 4 al.3 de la loi relative à la TVA[161]. Dans la pratique, les opérations de soutage international sont assimilées à des exportations. Or les exportations de produits pétroliers (§ 2) elles-mêmes obéissent à un régime dérogatoire.

---

[161] Loi n° 98/009 du 1er juillet 1998 portant Loi de Finances de la République du Cameroun pour l'exercice 1998/1999, article huitième.

§ 1 – Le soutage international

286.- Le soutage international consiste à transférer des produits pétroliers d'une raffinerie vers un entrepôt en vue de l'avitaillement des navires et aéronefs, pour leur fonctionnement et leur entretien. Les produits doivent être pris dans les entrepôts d'où ils sont expédiés sous la garantie d'un acquit-à-caution ou d'une escorte assurant leur mise à bord. En effet, ils sont exemptés de tous droits et taxes dus à l'entrée.

287.- Mais cette précaution ne semble pas suffisante pour éviter que des produits non taxés se retrouvent sur le marché local, privant ainsi l'État de recettes importantes. Ce d'autant plus que l'état de répartition des ventes *Marketers*[162] consacrant ces opérations accuse encore un certain retard bien qu'en amélioration et intervient plus souvent en régularisation. Cela avait amené le Centre Provincial des Impôts du Sud-ouest, en 2001, à interpréter ces opérations comme une compensation d'impôts, position infirmée par la Cellule Pétrolière et Minière la même année.

§ 2 – Les exportations des produits pétroliers

288.- Les exportations à destination de la zone CEMAC sont exonérées de TSPP et supportent la TVA au taux zéro. Celles à destination de l'étranger sont en outre exonérées de Droits de Douane. La tentation pourrait par conséquent être grande chez les distributeurs de prétendre réaliser une exportation dans le seul but de se soustraire à tel ou tel impôt. C'est ainsi que le marché local et sous régional se retrouve inondé, de temps à autre, de produits taxables initialement destinés à l'exportation internationale, réduisant par là même les recettes de l'État.

---

[162] V. supra, n° 35.

289.- En vue de sécuriser lesdites recettes, le ministre de l'Économie et des Finances a organisé la procédure d'exportation des produits manufacturés en général à travers l'instruction n° 106/CF/MINEFI/DI/DD du 31 juillet 1998. Mais cette instruction était d'application difficile en ce qui concerne les produits pétroliers, et le problème est demeuré entier. Pour rectifier le tir, l'instruction ministérielle n° 01539/MINEFI/D organisant la procédure d'exportation des produits pétroliers a été donnée le 17 juillet 2000. Mais cette instruction présente l'inconvénient de n'avoir pas fait le tour complet du sujet. La procédure d'exportation des produits pétroliers se retrouve ainsi à cheval entre les deux instructions précitées. Elle est plus ou moins complexe suivant l'humeur des inspecteurs des douanes devant délivrer « l'Attestation d'exportation effective », base de calcul de la TVA au taux zéro. Jusqu'au 31 juillet 2001, elle n'était pas encore effectivement mise en œuvre, d'où la persistance du problème. Les premières attestations d'exportation effectives ont été délivrées en 2004, à titre de régularisation. La Loi de Finances pour l'exercice 2018 a introduit de nouvelles mesures de sécurisation à ce niveau. Leur évaluation suivra durant les exercices à venir[163].

[163] V. supra, n° 198.

CHAPITRE 2

LA DIFFICILE GESTION DES IMPÔTS

290.- Comme nous l'avons vu à travers les différents tableaux retraçant leur contribution au budget de l'État, les Droits de Douane, la TSPP et la TVA génèrent d'énormes recettes. Le chemin pour parvenir à ce résultat est parsemé d'embûches. D'abord, l'Administration Fiscale (section 1) doit concilier les objectifs d'amélioration de ses recettes avec les contraintes liées aux engagements bilatéraux et multilatéraux pris par l'État d'une part, et au maintien de la paix sociale d'autre part. Ensuite, les collecteurs d'impôts (section 2) doivent allier non sans peine, les activités supplémentaires liées à la collecte à leurs activités traditionnelles. Ils doivent aussi s'accommoder avec les attitudes et états d'âme des *Marketers* (section 3), plus ou moins conciliants.

Section 1 – Au niveau des administrations

291.- Les difficultés de gestion des impôts au niveau des administrations se retrouvent surtout au niveau des exonérations (§ 1), du soutien de l'État à la consommation (§ 2) et de l'efficacité des contrôles des services extérieurs (§ 3).

§ 1 – Les exonérations

292.- De nombreuses exonérations existent en matière d'impôts sur les produits pétroliers. Elles viennent réduire les recettes escomptées de l'État. On note ainsi que sont exonérés des droits de douane :

- les exportations de produits pétroliers hors de la zone CEMAC ;
- les soutes internationales pour l'avitaillement des navires et aéronefs ;
- les opérations de transit des produits pétroliers ;
- les pêcheurs et les diplomates.
- le Pétrole lampant et le Gaz Butane, depuis l'ordonnance de 1994.

293.- Sont exonérées de la TSPP, les mêmes opérations que ci-dessus, en plus des exportations des produits pétroliers à destination de la sous-région CEMAC.

Enfin, sont exonérés de la TVA :

- les ventes de produits pétroliers destinés à l'avitaillement des aéronefs des sociétés ayant leur siège au Cameroun, sous réserve des quotas fixés par l'Administration ;
- les produits pétroliers destinés aux entreprises de pêche ;
- les diplomates, sous réserve de réciprocité ;
- le Pétrole lampant et le Gaz Butane, considérés comme bien de première nécessité figurant à l'annexe 1 du CGI.

294.- Les exonérations doivent faire l'objet de vérifications régulières et permanentes. Or comme nous l'avons vu plus haut[164] c'est la Cellule de Gestion du Secteur de la Forêt, de l'Eau et du Pétrole qui est l'interlocuteur privilégié des autres intervenants. Elle se situe trop en amont, et ne semble pas disposer de l'expertise

---

[164] V. supra, n° 15 ss.

suffisante à cet effet. Au 30 juin 2001, l'impact des exonérations sur les impôts collectés par la SONARA se chiffrait à 22 857 959 431 FCFA, réparti comme suit[165] :

- TVA 12 345 453 845 FCFA
- D.D 10 512 505 586 FCFA

Les exonérations constituant des dépenses fiscales, on peut considérer qu'une esquisse de solution a été apportée à ce problème avec la Loi de Finances pour l'exercice 2016.

295.- En effet, cette loi a instauré une obligation déclarative de l'impact fiscal des avantages fiscaux accordés aux entreprises bénéficiaires des régimes fiscaux dérogatoires. Cette déclaration est souscrite en même temps que celle des résultats de l'exercice écoulé, au plus tard le 15 mars[166]. L'obligation vise notamment les entreprises agréées au régime de la loi n° 2013/004 du 18 avril 2013 fixant les incitations à l'investissement privé en République du Cameroun ; les entreprises agréées au régime des zones franches industrielles ; les entreprises agréées au régime des zones économiques ; les entreprises bénéficiant du régime boursier ; les entreprises bénéficiant du régime des contrats de partenariat public-privé ; les entreprises bénéficiant des conventions ou cahiers de charges signés avec le Gouvernement et contenant des clauses fiscales ; les adjudicataires des marchés publics à financement extérieur ou conjoint contenant des clauses fiscales dérogatoires au droit commun ; les entreprises bénéficiaires des mesures fiscales incitatives prévues par les codes sectoriels à l'instar

---

[165] Cet impact est déterminé par différence entre la taxe réellement collectée sur le marché intérieur et celle qui aurait dû l'être, si les taux d'imposition avaient été normalement et régulièrement appliqués sur ce marché.

[166] CGI art. 18 (4) nouveau, issue de la Loi de Finances pour l'exercice 2016.

du Code pétrolier, du Code gazier ou du Code minier[167]. Le travail de base, le plus complexe, sera ainsi réalisé par les bénéficiaires mêmes desdits avantages, l'Administration Fiscale se contentant d'en faire la synthèse. Il reste à l'Administration Fiscale de s'assurer que les contribuables concernés respectent bien ces dispositions.

296.- Cependant, il convient de relever que l'instauration de cette mesure par la Loi de Finances pour l'exercice 2016 aurait dû être précédée par la révision de la Loi n° 2007/006 du 26 décembre 2007 portant Régime Financier de l'État. Cette Loi n'a effectivement pas prévu de manière expresse cette évaluation, pourtant indispensable comme nous l'avons montré dans notre ouvrage intitulé *La fiscalité pétrolière des États membres de la CEMAC*[168]. Ce manquement a également été « corrigé » en régularisation, avec la promulgation de la loi n° 2018/012 du 11 juillet 2018 portant Régime Financier de l'État et des autres entités publiques. La mesure est bien inscrite dans ce nouveau Régime Financier.

§ 2 – Le soutien de l'État à la consommation

297.- Avant de voir l'application actuelle du soutien de l'État à la consommation (B), il convient d'abord de comprendre son histoire (A). Ensuite, il sera intéressant d'avoir un aperçu de son évaluation (C).

A - Historique

298.- La structure officielle des prix des hydrocarbures du mois de juillet 2000, à travers la correspondance CSPH

---

[167] Circulaire n° 004/MINFI/DGI/LRI/L du 24 février 2016 précisant les modalités d'application des dispositions fiscales de la Loi n° 2015/019 du 21 décembre 2015 portant Loi de Finances de la République du Cameroun pour l'exercice 2016.

[168] DIKOUME (A. L.), *La fiscalité pétrolière des États membres de la CEMAC*, Paris, L'Harmattan, mars 2008, n° 688 à 705.

n° 001086/00 du 30 juin 2000, introduit une ligne supplémentaire intitulée « soutient État » d'un montant de 48 francs CFA par litre de super et 15 francs CFA par litre de gasoil. Il s'agit d'une subvention au consommateur, qui consistait en l'abandon partiel ou total des recettes fiscales liées à la TVA et au Droit de Douane. Ce soutien venait ainsi en déduction des recettes à reverser au Trésor public ainsi qu'il suit :

Tableau 19 : Soutien de l'État contenu dans la structure des prix de juillet et août 2000

	SOUTIEN DE L'ÉTAT			
	SUPER		**GASOIL**	
	Juillet 2000	**Août 2000**	**Juillet 2000**	**Août 2000**
Droits de Douane	-20	-20	-6	-13
TVA	-28	-28	-9	-18
TOTAL	**-48**	**-48**	**-15**	**-31**

299.- Toutefois, en vue de préserver le niveau des recettes fiscales et permettre par la même occasion un bon suivi des dépenses engagées par l'État pour le soutien des prix des produits pétroliers, la SONARA devait établir pour chacune des administrations concernées, deux déclarations distinctes, à savoir :

- une déclaration du montant intégral des recettes encaissées par impôts ;
- une déclaration de la moins-value enregistrée au titre du taux négatif du soutien de l'État, à faire valoir sur le montant de l'impôt dû.

300.- Concrètement, le receveur des impôts et le receveur des finances devaient, chacun en ce qui le concerne et pour chaque reversement, constater une opération de recettes intégrales, et une opération de dépenses pour le montant du soutien de l'État. Mais dans la pratique, il en va autrement. Il n'est délivré qu'une quittance de paiement au montant compensé des recettes encaissées et de la déclaration du soutien. Il pourrait alors se poser un problème de justificatifs dans la comptabilité nationale, ainsi que celui de l'équilibre des comptes de recettes et de dépenses.

301.- Le soutien de l'État avait été initié par la CSPH puis accepté par l'État, suite à l'effritement de ses fonds de stabilisation des prix. L'administration fiscale n'avait pas été associée à l'opération. Ceci explique le branle-bas enregistré dans les services des impôts après les premières déclarations avec soutien de l'État. Le soutien de l'État est une dépense fiscale de plus en plus contestée par les bailleurs de fonds internationaux. Ceux-ci ont fait des pressions pour amener l'État à y renoncer.

302.- Cette mesure est ainsi abandonnée en 2004 sans qu'une solution intermédiaire soit trouvée. Entre 2004 et 2007, la politique du gouvernement avait consisté au blocage des prix sortis raffinerie pour contenir la montée des cours du Brent, générant ainsi d'importants manques à gagner à la raffinerie. Depuis 2005, l'État a accepté de rembourser ce manque à gagner, qui devait se déterminer en dehors de la structure des prix. En 2007, ce blocage des prix a coûté à l'État, sur la partie visible, une subvention au consommateur de 33 milliards de FCFA. Mais depuis 2008, la nouvelle structure des prix a de nouveau intégré le soutien de l'État pour contenir la flambée des cours du brut.

B – Situation actuelle du soutien de l'État à la consommation

303.- Dans cette nouvelle version, le soutien de l'État devait combiner l'abandon partiel des impôts et taxes avec le manque à gagner suite à la réduction autoritaire (mais avec contrepartie pécuniaire) des prix sortis raffinerie. Cependant il tend à être affecté en totalité à la SONARA. Les manques à gagner sont déterminés différemment sur les produits blancs (1), sur le GPL (2) et sur les importations (3).

1 – Les manques à gagner sur les produits blancs

304.- Ils sont déterminés sur la base du différentiel entre les prix dits réels ex-raffinerie, calculés conformément à l'évolution des principaux paramètres du marché pétrolier international, et les prix effectivement appliqués par la SONARA suivant l'objectif des prix à la consommation fixé par le gouvernement.

2 – Les manques à gagner sur le GPL

305.- La nouvelle formule de détermination des prix ex-raffinerie des carburants ne prend pas en compte les manques à gagner enregistrés par la SONARA sur ses ventes intérieures de butane. La détermination desdits manques à gagner est réalisée mensuellement et séparément de celle des produits blancs, sur la base du différentiel entre le prix issu de la formule et le prix de vente homologué. Ces dispositions ont été reconduites dans tous les protocoles d'établissement des prix ex-SONARA qui ont suivi, notamment ceux de 2012, 2014 et 2018.

3 – Les manques à gagner sur les importations

306.- En ce qui concerne les importations, les manques à gagner sont déterminés sur la base du différentiel entre le prix d'adjudication de chaque importation, y compris les frais d'approche, et le prix de vente ex-SONARA homologué.

C – Évaluation, compensation et paiement des manques à gagner

307.- Jusqu'en 2017, les protocoles d'établissement des prix ex-SONARA prévoyaient que « les manques à gagner seront compensés chaque mois par l'État à travers les transferts budgétaires suivant des procès-verbaux arrêtant mensuellement les différents montants y afférents ». Ces transferts annoncés ont été difficiles à réaliser au fil des années, et la SONARA a été contrainte d'accepter, à chaque fois, des titres du Trésor non liquides sur douze ans, en apurement de sa dette. Cette titrisation a contribué à déséquilibrer davantage sa structure financière, en transférant une créance d'exploitation en immobilisation financière.

308.- Les manques à gagner constituent des dépenses fiscales qu'il convient d'évaluer comme telles. En 2008, leur coût s'est globalement élevé à 208 733 378 710 FCFA, soit 136 972 879 157 FCFA de blocage des prix, 50 700 032 311 FCFA d'abandon de TVA et 21 060 378 410 FCFA d'abandon de droits de douane.

309.- Le règlement des abandons de TVA et de Droit de Douane est aisé, car basé sur un simple jeu d'écriture au Ministère des Finances. Par contre, celui du blocage des prix est devenu rare depuis 2008, les arriérés annuels se situant toujours au-dessus de 100 milliards de francs CFA. Le tableau n° 20 ci-dessous présente la situation de ces MAG dans les comptes de la SONARA.

Tableau 20 : Accumulation et traitement des impayés sur les MAG (en MFCFA)

	2007	2008	2009	2010	2011	2012	2013	2014	2015 R
RAN MAG en MFCFA	16 887	14 307	93 780	98 307	136 228	243 308	371 827	362 578	456 661
MAG en MFCFA	30 307	136 973	22 527	144 921	309 162	323 244	296 509	194 783	-35 009
PAIEMENTS CASH	32 887	57 500	18 000	107 000	66 900	49 600	118 000	100 700	138 913
COMPENSATION CESSION TITRES	0	0	0	0	135 183	145 024	185 758	0	22 952
SOLDE MAG (y comp titres)	14 307	93 780	98 307	136 228	243 308	371 827	362 578	456 661	259 948
MOYENNE $/Bbl	72,20	97,01	60,36	79,29	111,31	111,50	108,67	98,92	52,46
MOYENNE USD/FCFA	479,11	448,27	474,17	493,52	471,80	509,73	494,05	494,33	591,36

310.- Depuis janvier 2018, le nouveau protocole d'établissement des prix ex-SONARA prévoit que « les différents manques à gagner validés par le Comité Ad hoc présidé par la CTR seront compensés chaque mois par la CSPH à travers ses réserves de stabilisation à hauteur d'un montant mensuel déterminé par une résolution du Comité de suivi-évaluation de la mise en œuvre de la stratégie pour soutenabilité de la structure des prix des hydrocarbures et la viabilité financière de la SONARA, et dûment notifiée à la CSPH par le ministre chargé des Finances… Le montant résiduel des manques à gagner que la CSPH ne sera pas en mesure de prendre en charge, sera compensé par tout moyen déterminé par l'État ».

311.- La résolution visée ci-dessus devra être signée par le Président et au moins six membres dudit Comité comprenant notamment : le représentant du Secrétariat général des Services du Premier ministre ; un des représentants du Ministère chargé des produits pétroliers ; un des représentants du Ministère chargé du Commerce ; le représentant du Comité Technique du Suivi des Programme Économiques ; un des représentants de la Commission Technique de Réhabilitation ; le représentant de la Société Nationale des Hydrocarbures.

312.- On peut constater que c'est à partir de 2018 que la CSPH pourrait jouer pleinement le rôle qui lui est dévolu dans la stabilisation des prix des produits pétroliers, et qu'elle avait délibérément laissé à la SONARA et à l'État, avec les conséquences connues.

§ 3 – L'inefficacité relative des contrôles des services extérieurs

313.- Dans la recherche de l'amélioration permanente de ses recettes, l'Administration fiscale fixe des objectifs de recouvrement à ses diverses structures techniques. Ceci les amène parfois à improviser des contrôles dans les domaines très réservés de la fiscalité des produits pétroliers. Or avec la politique de redéploiement constant des effectifs, les personnels de ces structures n'ont pas toujours la technicité nécessaire pour mener à bien ces contrôles. On aboutit alors à des redressements faramineux, mais illusoires.

314.- C'est le cas à la SONARA où, entre le 31 décembre 1999 et le 16 octobre 2000, cinq redressements d'une valeur totale de cinq milliards de F CFA ont été notifiés à l'entreprise. Le montant à payer sur cet ensemble était de moins de six millions de FCFA. Dans la même entreprise, en 2005, la Direction des Douanes avait notifié un redressement de 42 milliards de FCFA. Le contrôle s'est soldé par un crédit d'impôt de trois milliards de FCFA à reverser à la SONARA.

Section 2 – Au niveau des collecteurs des impôts

315.- Les difficultés de gestion des impôts au niveau des collecteurs ont trait au surcroît de travail lié à cette activité (§ 1) d'une part, à la difficile collaboration avec les *Marketers* (§ 2) d'autre part.

§ 1 – Le supplément de travail lié à l'activité de collecte des impôts

316.- Certaines petites et moyennes entreprises imploraient l'Administration de faire d'elles des collecteurs de taxes. Ces entreprises cherchent généralement à travers cette activité, à se refaire une trésorerie déjà chancelante.

317.- Pour des entreprises de la taille de la SONARA ou de la SCDP, l'activité de collecte des impôts requiert la mise sur pied d'une organisation particulière, et génère des coûts supplémentaires que ces entreprises sont appelées à supporter seules. Mais les budgets de ces entreprises n'intégrant pas ces coûts, c'est cette organisation nécessaire qui est battue en brèche.

§ 2 – La difficile collaboration avec les *Marketers*

318.- La SCDP attend en général les états qui lui sont communiqués par les *Marketers* pour asseoir sa facturation. Après cela, elle dresse un état de facturation destiné à la SONARA. C'est sur cette base que cette dernière émet ses factures du mois. Cependant, les exonérations et les soutes venant en diminution des quantités taxables, ces deux entreprises doivent en outre recevoir l'état de répartition des ventes par *marketers*, afin d'arrêter les impôts et taxes définitifs à payer. Il peut arriver que cet état accuse un certain retard, qui se répercute automatiquement sur toute la chaîne : facturation, paiement des factures et des impôts.

Section 3 – Au niveau des *Marketers*

319.- Les difficultés ici se situent à deux niveaux : l'état de répartition des ventes (§ 1) et la maîtrise de la structure des prix (§ 2).

§ 1 – L'état de répartition des ventes

320.- En général, les produits pétroliers partent de la SONARA pour la SCDP suivant des commandes reçues d'avance. L'état de facturation SCDP et l'état de répartition des ventes *Marketers* devraient simplement venir conforter ces expéditions. Or il s'avère que les divers états communiqués par les *Marketers* ne découlent pas de la réalité. Ils sont parfois issus d'un simple calcul arithmétique dont la formule leur est propre. Ceci entraîne de multiples séances d'échange et de rapprochement pour la validation des chiffres à retenir comme base de facturation et d'imposition.

§ 2 – La maîtrise de la structure des prix

321.- La structure des prix pose quelques problèmes aux *Marketers*. C'était le cas notamment de l'ajustement économique (poste n° 4 de l'ancienne structure) qui, bien qu'étant un élément détaxé, était néanmoins soumis au précompte. Ceci entraînait des remises en cause permanente (mais non fondées) de leur part.

322.- De même, il ne semble pas toujours évident aux *Marketers* de faire apparaître la TVA distinctement sur les factures adressées aux grossistes et industriels[169]. Cette TVA est en effet déductible pour ces derniers. Or comme nous l'avons vu[170], les *Marketers*, lorsqu'ils essaient de respecter ce principe, ne facturent distinctement que la TVA sortie SONARA hors cabotage. Il s'ensuit que les grossistes ne peuvent bénéficier de la déductibilité intégrale de la TVA.

323.- Enfin, les *Marketers* se font rembourser les frais financiers dans la structure des prix, d'une manière peu convaincante à notre avis. Le débat a toujours consisté à

---

169 V. supra n° 273.
170 V. supra n° 274.

demander un relèvement de ces frais, sans pouvoir ni les expliquer ni les décomposer. La Direction Générale des Impôts semble pourtant soutenir cette demande non fondée[171]. Les frais financiers devraient pouvoir se justifier par des difficultés de trésorerie dues à la structure des prix, et nécessitant un recours à des facilités bancaires onéreuses. L'attitude réelle de l'Administration Fiscale, traduite dans la structure des prix, semble rejoindre notre position. En effet, on constate que les frais généraux, les frais financiers et le coulage supportent la TVA. Autrement dit, l'Administration Fiscale reconnaît que ces postes ne sont pas des remboursements de frais en tant que tels, mais bien des produits divers à imposer.

[171] Ce soutien avait été clairement exprimé par le représentant de la DGI lors des débats à la Commission de Réforme Fiscale et Douanière de 2007.

TITRE DEUXIÈME

ESSAIS D'AMÉNAGEMENT POUR UNE OPTIMISATION DES PRIX ET DE LA FISCALITÉ DES PRODUITS PÉTROLIERS

324.- Tout au long de notre étude, il est apparu une santé plus ou moins bonne de la fiscalité des produits pétroliers. Des limites ont également été relevées. Par rapport à cela, on pourrait envisager des aménagements dans le sens d'une rationalisation des prix et du régime fiscal (chapitre 1), puis d'une redéfinition du système de gestion des impôts (chapitre 2).

CHAPITRE 1

LA RATIONALISATION DES PRIX ET DU RÉGIME FISCAL

325.- La rationalisation du régime fiscal spécifique du secteur passe par la maîtrise de l'assiette fiscale (section 1), la motivation des collecteurs (section 2), et l'efficacité des contrôles (section 3).

Section 1 – La maîtrise de l'assiette fiscale du secteur

326.- La maîtrise de l'assiette fiscale pourrait être accrue par une édiction des normes de température et de coulage (§ 1), ainsi que la mise en pratique effective de la vérification permanente des exonérations (§ 2).

§ 1 – Les normes de température et de coulage

327.- Le climat ne peut être immuable d'une région à une autre, d'une période à une autre. Il est donc important de fixer des normes de température (A) pour le mesurage du volume des liquides. Ceux-ci étant par ailleurs volatiles, des normes doivent être fixées par rapport au coulage qu'ils subissent (B).

A – Les normes de température

328.- Suivant un principe ancien relevant de l'ordonnance française n° 45-2405 du 18 octobre 1945 relative au mesurage du volume des liquides[172], « les

---

[172] DEFIX (A), *Mesurage des volumes des carburants et combustibles liquides*, Société des Éditions TECHNIP 1978, page 10.

volumes de liquides déterminés à l'occasion de transactions commerciales ou d'opérations fiscales doivent être effectivement mesurés ». Compte tenu des variations climatiques d'une région à une autre, il est indispensable de fixer une norme de température pour ce mesurage.

329.- Aux termes de la loi, le mesurage est sous-entendu à température ambiante. Or dans l'industrie du raffinage, le mesurage se fait à une température n'excédant pas 20 °C. La SONARA a opté pour une température stabilisée à 15 °C. Il s'ensuit une série d'ajustements des taux de TSPP de la température ambiante vers la température à 15 °C. L'Administration Fiscale, qui ne s'en sort pas toujours dans ces ajustements, a souvent pensé qu'il y a matière à redressement.

330.- Afin d'éviter toute dispersion d'énergie, il serait souhaitable qu'un texte réglementaire ou légal consacre le mesurage des volumes à 15 °C en ce qui concerne les produits pétroliers. Ceci serait d'autant bien venu que même à la SONARA et à la SCDP, le respect de la température stabilisée n'est pas la chose la mieux partagée.

B – Les normes de coulage

331.- S'agissant du coulage, les services de douane estiment que réaliser un taux de coulage inférieur ou égal à 2 % reste un plafond acceptable. C'est ainsi qu'ils considèrent qu'au-delà de 2 %, tout coulage déclaré doit être réintégré dans les ventes et taxé comme tel. La Direction Générale des Impôts ne s'est pas intéressée au sujet. Au niveau de la SONARA elle-même, on estime le taux de coulage acceptable à 0,3 % maximum du prix du produit augmenté du fret. Ce niveau est identique à celui de la formule de prix des produits pétroliers. Un texte réglementaire devrait consacrer une norme de coulage acceptable par tous, avec toutes les conséquences qu'elle entraînerait.

§ 2 – La vérification permanente des exonérations

332.- Les produits pétroliers exonérés de droits et taxes sont généralement soumis à des procédures contraignantes, dont le suivi n'est pas toujours assuré. En effet :

- l'avitaillement des navires de pêche se déroule suivant un système de quotas trimestriels définis par la Direction Générale des Impôts et la Direction Générale des Douanes ;
- l'opération de soute se déroule sur autorisation du chef de service de contrôle des hydrocarbures de la Douane en présence d'un agent superviseur après dépôt d'une caution remboursable à l'établissement d'un procès-verbal d'effectivité de l'opération ;
- les exportations sont soumises au dépôt d'une caution bancaire.

Mais c'est surtout sur les deux premiers points que se pose le problème du suivi des exonérations.

333.- D'autres exonérations sont plus difficiles à gérer, et concernent plus souvent des entreprises réalisant de gros chantiers. C'est le cas notamment de la COTCO et de ses sous-traitants, dans le cadre du pipeline TCHAD-CAMEROUN. Pour cette catégorie, un système de contrôle plus poussé devrait être mis en place avec le concours des spécialistes du Ministère des Travaux Publics, qui maîtrisent mieux l'activité des chantiers et le fonctionnement des engins. Ces connaissances seraient alors d'une grande utilité dans la fixation des quotas périodiques.

Section 2 – La motivation des collecteurs d'impôts

334.- Actuellement, la gestion fiscale est intégrée au sein d'un Service dit de la Comptabilité du Personnel et de la Fiscalité (SONARA) ou du Service de recouvrement (SCDP). Or l'activité de collecte et de gestion des impôts est intense, et mériterait de relever d'un service distinct. Par ailleurs, ces structures devraient faire l'objet d'une politique de proximité qui leur permettrait de mieux s'accorder avec l'Administration Fiscale. Mais tout ceci génère un surcroît de charges, dont une partie devrait être supportée par l'Administration Fiscale, notamment sous la forme de prime de rendement trimestrielle à l'instar de celle octroyée aux personnels de la Direction Générale des Impôts.

Section 3 – L'efficacité des contrôles

335.- L'efficacité des contrôles passe par leur professionnalisation (§ 1) et leur fréquence (§ 2).

§ 1 – La professionnalisation des contrôles

336.- De nombreux contrôles de nos jours relèvent encore du style traditionnel. Ils consistent à *débarquer* chez le contribuable après un simple avis de passage, sans précision supplémentaire. Sur place, les vérificateurs demandent qu'on leur produise :

- toute la comptabilité de deux, trois ou quatre exercices ;
- les justificatifs des versements spontanés, qu'ils sont supposés avoir reçus, les versements ayant été faits auprès des services des impôts ;
- les DSF des exercices concernés, qui leur ont déjà été transmises, ou du moins qui devraient l'être ;
- et bien d'autres encore.

337.- À partir de ces documents, ils élaborent un premier plan de travail. Tout ceci dénote généralement d'un défaut de préparation de la mission de contrôle. Le vérificateur doit en effet commencer la préparation de sa mission de contrôle dans son bureau, par une centralisation des informations du contribuable, disponibles auprès de l'Administration Fiscale. Cette préparation devrait l'amener à identifier avec assez de précision toutes les incohérences ou tous les redressements probables. À partir de là, l'avis de passage pourrait être plus parlant, et énoncer notamment les pièces et documents qui seront requis dès le démarrage de la mission.

338.- Par ailleurs, on note une quasi absence d'échanges durant la mission de contrôle ; les vérificateurs se refusent de parler des problèmes qu'ils relèvent avant de remettre leur notification de redressements provisoires. Pourtant, des débats intermédiaires devraient précéder cette notification, pour éviter ainsi des affirmations non soutenues ou *fantaisistes*.

§ 2 – La fréquence des contrôles

339.- Avec des contrôles professionnalisés, la surveillance reste permanente. Des rapprochements mensuels peuvent être faits entre les chiffres des collecteurs et ceux des *Marketers*. Mais dès le 1er avril, c'est-à-dire après le dépôt de la DSF, un contrôle général devrait être envisagé. La balance générale des comptes et le grand livre pourraient être requis à partir du 1er juillet, date limite d'approbation des comptes de l'exercice écoulé.

CHAPITRE 2

UNE REDÉFINITION DU SYSTÈME DE GESTION DES IMPÔTS

340.- Cette redéfinition du système passe par la précision du cadre institutionnel et réglementaire (section 1) et l'assainissement des relations (section 2).

Section 1 – La précision du cadre institutionnel et réglementaire

341.- Cette précision nécessite une adaptation des textes au contexte spécifique. Nos explications précédentes révèlent la nécessité, sans que l'énumération soit exhaustive et limitative, d'un certain nombre de mesures à prendre, et notamment :

342.- Qu'une Loi de Finances redéfinisse la température à laquelle les volumes de produits pétroliers doivent être mesurés, en vue de la liquidation de la TSPP, ainsi que les modalités de contrôle de ce mesurage.

343.- Qu'un texte interministériel fixe les normes de coulage en matière non seulement des produits pétroliers, mais également de pétrole brut. Ce texte préciserait également les traitements à envisager en cas de dépassement de ces normes.

344.- D'intégrer l'ensemble de la fiscalité des produits pétroliers dans le Code général des Impôts, et d'engager des démarches auprès des instances de la CEMAC, en vue de combler les insuffisances de la réglementation douanière soulevées.

345.- De formaliser l'exigibilité à 45 jours des impôts collectés par la SONARA, autres que les Droits de Douane, et de revoir le formulaire de déclaration de TVA sur la vente des produits pétroliers pour tenir compte de ses spécificités.

346.- Qu'un texte particulier du MINFI précise le traitement des différentes TVA contenues dans la structure des prix, en vue de lever tous les points d'ombre s'y rattachant.

347.- De réglementer la détermination des différentes rubriques de la structure des prix des produits pétroliers.

348.- De redéfinir les produits pétroliers, pour corriger les lacunes du Décret n° 2000/935/PM du 13 novembre 2000 fixant les conditions d'exercice des activités du secteur pétrolier aval.

Section 2 – L'assainissement des relations

349.- Il s'agit ici de privilégier le tandem information et formation (§ 1), et de créer des cadres de concertation permanente (§ 2).

§ 1 – L'information et la formation

350.- Les fiscalités spécifiques mettent en œuvre un faible nombre de contribuables, mais génèrent d'importantes ressources pour le budget de l'État. Pourtant c'est dans ce secteur que l'information et la formation semblent faire le plus défaut. À l'Université de Douala où est organisé un Master Fiscalité, le nombre d'heures allouées à cette Unité de Valeur ne permet pas de couvrir entièrement son domaine. À l'École Nationale d'Administration et de Magistrature (ENAM), ce cours est également survolé.

351.- Un environnement de collaboration est de ce fait nécessaire entre les divers acteurs du secteur pétrolier aval.

De part et d'autre, l'on serait alors en mesure de se former et s'informer mutuellement. Des séminaires de formation ou de remise à niveau des fiscalistes du secteur seraient également bien venus à des intervalles réguliers, sous la houlette de la Direction des Grandes Entreprises.

§ 2 – La création des cadres de concertation permanente

352.- L'esprit de collaboration et de partenariat reste à améliorer entre la SONARA, la CSPH et les services fiscaux et douaniers. Des rencontres périodiques sont souhaitables entre les intervenants directs en matière de fiscalité. Le lieu de ces rencontres pourrait être tournant. Des rencontres trimestrielles ou semestrielles pourraient s'élargir à tous les intervenants, y compris la SCDP, la Direction de la métrologie, la Direction Générale des Douanes.

CONCLUSION GÉNÉRALE

353.- Jusqu'en 2013, l'évolution des cours du BRENT et du Dollar US a fait penser qu'il vaut mieux être en situation de vendeur de brut que de produits raffinés. Les bénéfices sont plus importants dans le premier cas. Par extrapolation, on aurait pu penser que la fiscalité spécifique applicable aux produits pétroliers est sans avenir. Il n'en est rien. Le secteur pétrolier aval demeure un secteur de pointe et d'avenir, duquel les droits et taxes prélevés par l'Etat demeurent considérables. S'il est admis que l'assiette de la TSPP est constituée par les quantités vendues, il n'en demeure pas moins que la base de liquidation de la TVA et du Droit de Douane est le chiffre d'affaires en valeur. La détermination des prix de vente doit alors être parfaitement maîtrisée, pour asseoir une bonne imposition.

354.- L'étude combinée des *prix et* de la *fiscalité des produits pétroliers* trouve alors ici toute sa justification. Les prix, autant que la fiscalité des produits pétroliers, sont spécifiques comme nous l'avons montré tout le long de l'étude. Cette spécificité a trait à l'exercice de l'activité, aux acteurs intervenant dans le secteur, à la fixation des prix et à la gestion des impôts. La formation des prix des produits pétroliers commence par l'acquisition des pétroles bruts. Pour cela, il faut une certaine connaissance des prix et des cotations de brut, puis une maîtrise des frais d'approche.

355.- Ensuite interviennent le processus de transformation du pétrole brut en produits pétroliers raffinés, les coûts successifs de transformation et l'application de la formule administrative de détermination des prix de vente homologués. Cette dernière formule connaît des évolutions diverses, présentant chacune des points forts et des points faibles. La dernière en date, de janvier 2018, est en cours d'application et d'évaluation. Le poids de chacune des rubriques du prix de vente par rapport au prix homologué est présenté dans les tableaux n° 21A et n° 21B ci-dessous, pour l'exercice 2010.

356.- Au terme de nos analyses, il ressort de cela que la fiscalité et la détermination des prix des produits pétroliers au Cameroun ont connu quelques améliorations au fil des temps. Cependant, de nombreuses limites persistent, pour lesquelles nous avons proposé quelques aménagements nécessaires. La prise en compte des initiatives envisagées respecte l'option de « pause fiscale » qui a prévalu de l'exercice 1998/1999 à l'exercice 2014 : Pas d'impôts et taxes nouveaux, pas d'augmentation des taux existants, mais élargissement de l'assiette fiscale, optimisation des recouvrements, fiabilité des contrôles.

Tableau 21 A : Poids des postes non libéralisés par rapport au prix homologué dans la structure des prix

DÉSIGNATION	SUPER		PÉTROLE RÉSEAU		GASOIL	
	Montant	Taux	Montant	Taux	Montant	Taux
1- Prix du produit	266,02	46,75 %	271,79	77,65 %	267,40	51,42 %
2- Droits de douane	26,60	4,67 %	27,18	7,77 %	26,74	5,14 %
3- TVA	56,33	9,90 %	57,55	16,44 %	56,62	10,89 %
4- Coefficient d'Ajustement	39,90	7,01 %	40,77	11,65 %	40,11	7,71 %
5- Cabotage Limbé/Douala	7,92	1,39 %	8,09	2,31 %	8,23	1,58 %
6- TVA sur cabotage	1,52	0,27 %	1,56	0,45 %	1,58	0,30 %
7- Soutien de l'État au consommateur	-83,63	-14,70 %	-151,89	-43,40 %	-64,61	-12,43 %
8- Redevances portuaires	2,38	0,42 %	2,56	0,73 %	2,72	0,52 %
9- TVA sur redevances portuaires	0,46	0,08 %	0,49	0,14 %	0,52	0,10 %
10- Passage dépôt	11,09	1,95 %	11,09	3,17 %	11,09	2,13 %
11- TVA sur passage dépôt	2,13	0,37 %	2,13	0,61 %	2,13	0,41 %
12- Fonds de lutte contre la fraude	0,27	0,05 %	1,87	0,53 %	0,16	0,03 %
13- Péréquation transport	41,00	7,21 %	26,00	7,43 %	40,50	7,79 %

Source : *Structure des prix des produits pétroliers homologués, mars 2010*

Tableau 22 B : Poids des postes libéralisés par rapport au prix homologué dans la structure des prix

DÉSIGNATION	SUPER		PÉTROLE RÉSEAU		GASOIL	
	Montant	Taux	Montant	Taux	Montant	Taux
1- Frais généraux	22,60	3,97 %	10,49	3,00 %	14,71	2,83 %
2- Frais financiers	6,45	1,13 %	5,07	1,45 %	6,00	1,15 %
3- Coulage	0,86	0,15 %	0,86	0,25 %	0,86	0,17 %
4- Bénéfice	9,19	1,62 %	5,06	1,45 %	9,19	1,77 %
5- Amortissement et entretien	6,50	1,14 %	4,53	1,29 %	4,24	0,82 %
6- Livraison ville	8,08	1,42 %	8,08	2,31 %	8,08	1,55 %
7- TVA sur livraison ville	1,56	0,27 %	1,56	0,45 %	1,56	0,30 %
8- TVA sur distribution (19,25 % de 1+2+3)	5,76	1,01 %	3,16	0,90 %	4,15	0,80 %
9- Taxe spéciale	120,00	21,09 %	0,00	0,00 %	65,00	12,50 %
13- Marge revendeur	16,00	2,81 %	12,00	3,43 %	13,00	2,50 %
Prix à la pompe	**569,00**	**100,00 %**	**350,00**	**100,00 %**	**520,00**	**100,00 %**

DÉSIGNATION	SUPER		PÉTROLE RÉSEAU		GASOIL	
	Montant	Taux	Montant	Taux	Montant	Taux
Poids des droits de douane	26,60	4,67 %	27,18	7,77 %	26,74	5,14 %
Poids de la TVA de porte	56,33	9,90 %	57,55	16,44 %	56,62	10,89 %
Poids de la TVA intérieure	11,43	2,01 %	8,90	2,54 %	9,94	1,91 %
Poids de la TSPP	120,00	21,09 %	0,00	0,00 %	65,00	12,50 %
Poids total de la fiscalité	**214,36**	**37,67 %**	**93,63**	**24,97 %**	**158,30**	**29,05 %**

Source : *Structure des prix des produits pétroliers homologués, mars 2010*

BIBLIOGRAPHIE

I – OUVRAGES GÉNÉRAUX

- CASTAGNEDE (B), *La politique fiscale*, PUF, collection *Que sais-je ?,* Paris, 2008.

- DEFIX (A), *Mesurage des volumes des carburants et combustibles liquides,* société des éditions TECHNIP, 2000.

- DIKOUME (A.L.) *Droit des sociétés commerciales au Cameroun*, édition SOPECAM, Yaoundé, 1997.

- DIKOUME (A.L.) *La fiscalité pétrolière des Etats membres de la CEMAC*, éditions L'HARMATTAN, Paris, 2008.

- HEINBERG (R), *Pétrole : la Fête est Finie !*, éditions Demi-Lune, 2008.

- LAURANT (E), *La Face Cachée du Pétrole*, édition Poket, 2007.

- LIMIDO (G.E.), *Pétrole, Matière première de l'industrie chimique*, première partie, société des éditions TECHNIP, 1958.

- NORMAND (X), *Leçons sommaires sur l'industrie du raffinage du pétrole,* tome I & 2, 5e édition, société des éditions TECHNIP, 1978.

- ROUSSELOT (G), *Le Pétrole*, édition Le Cavalier Bleu, Paris, 2003.

- *GUIDE DU PÉTROLE, gaz-pétrochimie,* édition O. Lesourd, 51e année, 1982.

- *LE PÉTROLE ET LE GAZ EN AFRIQUE,* édiafric la documentation africaine, 1re édition 1983.

- *CODE GÉNÉRAL DES IMPÔTS,* éditions 2001 à 2010.

- *CODE DES DOUANES* de la CEMAC, 2003.

- *AMENDEMENTS APPORTES A LA CONVENTION DE KYOTO, texte des annexes spécifiques*, suivant Protocole d'amendement (PA) adopté par le conseil en juin 1999 à Bruxelles

- *Convention de Kyoto révisée, juillet 2014.*

II – MÉMOIRES

- MASSA MEDANG (S.J.D.), *LE RÉGIME FISCAL DU SECTEUR AVAL PÉTROLIER AU CAMEROUN*, mémoire de fin d'études en vue du diplôme de l'ENAM, 1998-2000.

- DIKOUME (A. L.), *Les spécificités du régime fiscal applicable aux produits pétroliers au Cameroun*, mémoire de fin d'études en vue du DESS Administration Fiscale, Université de Douala, 2000-2001.

III – LOIS & RÈGLEMENTS

- *AMENDEMENTS APPORTES A LA CONVENTION DE KYOTO, texte des annexes spécifiques*

- Directive CEMAC n° 1/99/CEMAC-028-CM-03 du 17 décembre 1999, portant Harmonisation des Législations des États Membres en matière de TVA et de Droit d'accises (D.A)

- Directive n° 07/11-UEAC-028-CM-22 du 29 décembre 2011 portant révision de la Directive CEMAC n° 1/99/CEMAC-028-CM-03 du 17 décembre 1999, portant Harmonisation des Législations des États Membres en matière de Taxe sur la Valeur ajoutée (TVA) et du Droit d'accises (D.A)

- Ordonnance n° 94/002 du 2 janvier 1994 fixant les modalités d'application de la Taxe sur le Chiffre d'Affaires

- Ordonnance n° 94/004 du 16 février 1994 portant fiscalité des produits Pétroliers

- Ordonnance n° 2014/001 du 7 juillet 2014 portant réduction de la Taxe Spéciale sur les Produits Pétroliers (TSPP) et de certaines taxes dues par les transporteurs de personnes et de marchandises

- Ordonnance française n° 45-2405 du 18 octobre 1945 relative au mesurage du volume des liquides

- Loi n° 96/06 du 18 janvier 1996 portant révision de la Constitution du 2 juin 1972, modifiée et complétée par la Loi n° 2008/001 du 14 avril 2008

- Loi n° 84/02 du 30 juin 1984 portant Loi de Finances pour l'exercice 1984/1985

- Loi n° 98/009 du 1er juillet 1998 portant Loi de Finances pour l'exercice 1998/99

- Loi n° 99/007 du 30 juin 1999 portant Loi de Finances pour l'exercice 1999/2000

- Loi n° 99/013 du 22 décembre 1999 portant code pétrolier

- Loi n° 2000/08 du 30 juin 2000 portant Loi de Finances pour l'exercice 2000/2001

- Loi n° 2001/008 du 30 juin 2001 portant Loi de Finances pour l'exercice 2001/2002

- Loi n° 2002/014 du 30 décembre 2002 portant Loi de Finances pour l'exercice 2003

- Loi n° 2003-017 du 22 décembre 2003 portant Loi de Finances pour l'exercice 2004

- Loi n° 2004-026 du 30 décembre 2004 portant Loi de Finances pour l'exercice 2005

- Loi n° 2005-008 du 29 décembre 2005 portant Loi de Finances pour l'exercice 2006

- Loi n° 2006/013 du 29 décembre 2006 portant Loi de Finances pour l'exercice 2007

- Loi n° 2008/012 du 29 décembre 2008 portant Loi de Finances pour l'exercice 2009

- Loi n° 2009/018 du 15 décembre 2009 portant Loi de Finances pour l'exercice 2010

- Loi n° 2010/015 du 21 décembre 2010 portant Loi de Finances pour l'exercice 2011

- Loi n° 2011/020 du 14 décembre 2011 portant Loi de Finances pour l'exercice 2012

- Loi n° 2012/014 du 21 décembre 2012 portant Loi de Finances pour l'exercice 2013

- Loi n° 2013/017 du 16 décembre 2013 portant Loi de Finances pour l'exercice 2014

- Loi n° 2014/026 du 23 décembre 2014 portant Loi de Finances pour l'exercice 2015

- Loi n° 2015/019 du 21 décembre 2015 portant Loi de Finances pour l'exercice 2016

- Loi n° 2016/018 du 14 décembre 2016 portant Loi de Finances pour l'exercice 2017

- Loi n° 2017/021 du 20 décembre 2017 portant Loi de Finances pour l'exercice 2018

- Loi n° 2018/012 du 11 juillet 2018 portant Régime Financier de l'État et des autres entités publiques

- Décret n° 98/217 du 9 septembre 1998 portant organisation du MINEFI

- Décret n° 2000/935/PM du 13 novembre 2000 fixant les conditions d'exercice des activités du secteur pétrolier aval

- Décret n° 2008/365 du 8 novembre 2008 portant organisation du Ministère des Finances

- Décret n° 2013/066 du 28 février 2013 portant organisation du Ministère des Finances

- Arrêté n° 78/MINEFI/CSPH du 4 juillet 1995 portant libéralisation des prix des bitumes, cut-backs et du fuel-oil 180

- Arrêté n° 00245/MINEFI du 30 Juin 1999 portant libéralisation des prix et marges de distribution des produits pétroliers au Cameroun

- Arrêté n° 00526/MINEFI/CSPH du 28 novembre 2000 fixant les prix du gaz de pétrole liquéfié (GPL) applicables dans les différentes localités du Cameroun

- Arrêté n° 00307/MINEFI/CSPH du 6 juillet 2001 fixant les prix du gaz de pétrole liquéfié (GPL) applicables dans les différentes localités du Cameroun

INDEX DES MATIÈRES

(Les numéros renvoient aux paragraphes)

A

B

C

G

H

I

L

M

LISTE DES TABLEAUX

TABLE DES MATIÈRES

CAMEROUN

AUX ÉDITIONS L'HARMATTAN

Dernières parutions

EDING E MBOG OU L'AMOUR DE SON PEUPLE
Théâtre
Clarisse Aimée Eka Toube
Préface de Bertrand Begoumegnie

Eding e Mbog ou L'amour de son peuple est une pièce de théâtre de Clarisse Eka Toube. Elle y dépeint les tares de la société camerounaise, notamment le tribalisme, la corruption, le détournement des fonds publics, la paresse, la légèreté de certaines personnes face aux enjeux capitaux comme la protection de l'environnement et les infections sexuellement transmissibles.

(Coll. Harmattan Cameroun, 160 p., 17 euros)
ISBN : 978-2-343-16193-8, EAN EBOOK : 9782140105784

LES IMAGES DU SACRÉ IMPORTÉ ET LE SYSTÈME DE CROYANCES BAMILÉKÉ
Une relation de collision ou de collusion ?
Ismaïla Datidjo

Cet ouvrage interroge l'histoire des images dans le judaïsme, le christianisme et l'islam, religions qui divergent sur la représentation du sacré. Le catholicisme, chez les Bamiléké, occupe 53 % de l'espace religieux qui inclut protestantisme et religion ethnique, avec laquelle il rivalise sur le recours aux différentes images du sacré par leurs adeptes. Les crânes exhumés des morts, autour desquels pivote le système de croyances bamiléké, sont sacralisés. Ils s'opposent aux images du Christ et autres éléments qui se rapportent au sacré chrétien, lequel, en pays bamiléké, est importé et se distingue du sacré ethnique.

(Coll. Harmattan Cameroun, 216 p., 22 euros)
ISBN : 978-2-343-15761-0, EAN EBOOK : 9782140105463

LES CHEFFERIES TRADITIONNELLES BETI AU CAMEROUN
Vincent de Paul Ndougsa
Préface de Jacques Deboheur Koukam

Cet ouvrage est une réflexion sur le déclin du pouvoir traditionnel en Afrique. Il retrace le rayonnement passé de ces chefferies qui ont servi d'arrière-plan à l'administration publique et qui ont grandement oeuvré pour l'indépendance du Cameroun. L'auteur relève un revirement de ces pouvoirs culturels qui se sont dénaturés dans le copinage avec le pouvoir politique. Cette confusion de rôles et de positionnements va entraîner un effritement progressif des cultures beti.

(Coll. Harmattan Cameroun, 244 p., 24,5 euros)
ISBN : 978-2-343-16105-1, EAN EBOOK : 9782140105173

LE DÉCÈS D'UN GRAND

Pièce en trois actes

Vincent de Paul Ndougsa

Dans un style simple et précis, l'auteur traite du déroulement des obsèques d'une personnalité importante de la République. Les scènes se déroulent dans l'univers culturel d'une des tribus les plus nombreuses du Cameroun : la tribu beti.

(Coll. Harmattan Cameroun, 182 p., 18 euros)

ISBN : 978-2-343-16096-2, EAN EBOOK : 9782140105166

L'AMOUR À L'OMBRE DES GUERRES TRIBALES

Roman

Eugène Nzamboung

L'intrigue de ce roman est construite autour d'un drame occasionné par les guerres tribales opposant les Mabi aux Bonua, dans la ville camerounaise de Kribi. Ainsi, le couple de Bapite (un Bonua) et Nabvuna (une Mabi) payera le prix fort de ce tiraillement inconséquent. Ce roman est une immersion dans la multiculturalité camerounaise des problématiques du vivre-ensemble, du choc des identités et de la construction d'une nation. Ce récit est le triomphe de l'amour, valeur universelle qui construit des ponts plutôt que des barrières.

(Coll. Harmattan Cameroun, 196 p., 19 euros)

ISBN : 978-2-343-15411-4, EAN EBOOK : 9782140104121

DÉCENTRALISER AU CAMEROUN

Dynamiques institutionnelles et logiques des acteurs

Alawadi Zelao

Sous la direction de - préface de Charles Nach Mback

La décentralisation est aujourd'hui l'un des acquis des processus démocratiques qui ont enclenché des réformes institutionnelles dans beaucoup des pays africains subsahariens au milieu des années 1990. Somme de regards pluriels et multidisciplinaires (sociologie, science politique, droit), les études réunies dans cet ouvrage privilégient les observations empiriques et les approches contextuelles du processus de la décentralisation au Cameroun. Au-delà de la teneur institutionnelle et du décor normatif meublé par la loi de 2004, la décentralisation est restituée au vitriol de ses modes d'expression concrète.

(Coll. Études africaines, 264 p., 27 euros)

ISBN : 978-2-343-14519-8, EAN EBOOK : 9782140103780

LES DÉBOIRES D'UN MISOGYNE

Roman

Cyrille Kemmegne

Eugène Sangala est pris en otage par une mère plus possessive que protectrice. Celle-ci, Thérèse Sangala, ne permet à aucune autre femme de le côtoyer. A force de l'éloigner de la gent féminine, elle finira par cultiver en lui une haine viscérale contre toutes les autres femmes qui deviennent à ses yeux des épouvantails. Une histoire de viol dont Eugénie Sambanili est victime et dont Eugène Sangala paye le prix fort constitue la trame principale de ce roman.

(Coll. Harmattan Cameroun, 190 p., 19 euros)

ISBN : 978-2-343-15907-2, EAN EBOOK : 9782140103773

HISTOIRES D'ALBINOS

Roman

Cyrille Kemmegne

Préface de Jean-Jacques Ndoudoumou

Sophie Shiga est albinos. Elle est jeune et belle comme une madone. Elle se trouve dans le collimateur des membres d'une secte, le « Laoula Laoula ». À l'instar d'autres albinos, elle est enlevée nuitamment. La République tout entière considère la mort de Sophie Shiga comme étant la goutte d'eau qui fait déborder le vase. Histoires d'albinos met en lumière le mal-être des albinos en Afrique.

(Coll. Harmattan Cameroun, 198 p., 19,5 euros)

ISBN : 978-2-343-15908-9, EAN EBOOK : 9782140103698

LES ACTIVITÉS TRANSFRONTALIÈRES ILLICITES ENTRE LE GABON, LE CAMEROUN ET LA GUINÉE ÉQUATORIALE

Logiques spatiales, acteurs et enjeux

Poliny NDONG BEKA II

Préface de Serge Loungou

Ce livre interroge les pratiques de contournement et de transgression de la loi à travers une analyse des flux illégaux de personnes et de marchandises entre les trois pays. Ces activités sont l'oeuvre d'une population (locale, gardes-frontières et transporteurs routiers), dont le point commun est d'être liés à la frontière par leur lieu de résidence et/ou d'origine et aussi par leur activité professionnelle. La transgression de la frontière permet de se procurer des ressources financières afin de faire face à la précarité économique ou, au contraire, d'asseoir socialement sa notoriété.

(Coll. Études africaines, 334 p., 34 euros)

ISBN : 978-2-343-14303-3, EAN EBOOK : 9782140103056

FAMILLE ET SANTÉ EN AFRIQUE

Regards croisés sur les expériences du Cameroun et du Bénin

Honoré Mimche, Yves Bertrand Djouda Feudjo

Cet ouvrage montre que les liens entre famille et santé sont complexes et amène à reconsidérer la place et le rôle de la famille dans la production des soins. Les acteurs familiaux sont porteurs de savoirs, de logiques sociales et d'expériences dans la prise en charge de pathologies, et participent à la production et à la régulation du système des soins. Actrice du système de soins, la famille en est aussi productrice et consommatrice. Elle interagit et détermine les divers modes de production.

(Coll. Études africaines, 340 p., 35 euros)

ISBN : 978-2-343-15511-1, EAN EBOOK : 9782140103070

QUELLE ÉTHIQUE POUR LE TRANSHUMANISME ?

Des "hommes augmentés" et des "posthumains", demain, en Afrique ?

Ebénézer Njoh Mouelle

L'auteur déploie une analyse destinée à clarifier sa position sur divers aspects du transhumanisme. Il analyse des notions éthiques et met en relief des enjeux insoupçonnés, sur la difficile question de la régulation de l'exploitation des résultats des recherches convergentes des Nanotechnologies, biotechnologies, informatique et sciences cognitives. S'il met l'accent de manière appuyée sur la régulation destinée à protéger et à sauver l'espèce humaine de tout enfouissement dans des cyborgs, le philosophe camerounais se soucie tout autant du sort incertain qui pourrait être réservé aux catégories économiquement faibles face aux augmentations des capacités de toutes sortes sur d'autres continents.

(Coll. Harmattan Cameroun, 102 p., 12,5 euros)

ISBN : 978-2-343-15916-4, EAN EBOOK : 9782140103391

EPIDEMIOLOGICAL, DIAGNOSTIC AND THERAPEUTIC SPECIFICITIES OF GYNAECOLOGICAL, BREAST AND UROLOGICAL CANCERS IN CAMEROON

Under the supervision of Jean Yomi - Preface by Mama Fouda André

This contribution is to highlight the essential specificities of epidemiology, semiology and clinical signs of cancer pathology in Cameroon. He particularly describes and insists on the limit and lack of some means and methods of diagnostic, extension assessment and treatment of tumours. Therefore, the major aim of this publication is to promote corrective measures, starting normally from the scientific aspects, followed and supported by economics, technologies and planification needs improvement.

(166 p., 18 euros)

ISBN : 978-2-343-15915-7, EAN EBOOK : 9782140103155

SOCIÉTÉ CIVILE ET TRANSFORMATION SOCIALE AU CAMEROUN

Questions d'étique sociétale

Anselme Nzoko

Préface d'André Julien Mbem

Au regard des problématiques liées au vivre-ensemble, cet ouvrage s'interroge sur les choix à opérer pour fixer les nouvelles balises d'une réforme de la gouvernance sociétale. L'auteur a procédé à une participation observante de longue durée (entre 2002 et 2015) au sein de l'Association pour l'Éducation et le Développement (AED), organisation de la société civile camerounaise.Elle génère des dynamiques interactionnelles inhabituelles entre diverses composantes de la société camerounaise et internationale depuis sa création dans un environnement institutionnel hostile. Elle apparaît donc comme un analyseur de la société camerounaise contemporaine.

(Coll. Études Eurafricaines, 228 p., 23,5 euros)

ISBN : 978-2-343-15645-3, EAN EBOOK : 9782140102899

SYSTÈME FISCAL ET PERFORMANCE FINANCIÈRE DES ETABLISSEMENTS DE MICROFINANCE (EMF) AU CAMEROUN

Claude Kombou

Les Établissement de microfinance (EMF) se distancent des autres secteurs d'activité par la diversité de leurs formes juridiques et la complexité de leurs activités. Ces entités doivent associer le respect des obligations fiscales aux incidences multiples marquées par les relations fiscales hypothétiques entre l'administration et les acteurs des EMF. Cet ouvrage, tout en dénouant les incompréhensions, participe au renforcement des capacités techniques des praticiens du droit, de la comptabilité et de la fiscalité, qui trouveront ici la réponse à leurs préoccupations dans le domaine de la microfinance.

(Coll. Études africaines, 392 p., 38,5 euros)

ISBN : 978-2-343-15584-5, EAN EBOOK : 9782140102639

Structures éditoriales du groupe L'Harmattan

L'Harmattan Italie
Via degli Artisti, 15
10124 Torino
harmattan.italia@gmail.com

L'Harmattan Hongrie
Kossuth l. u. 14-16.
1053 Budapest
harmattan@harmattan.hu

L'Harmattan Sénégal
10 VDN en face Mermoz
BP 45034 Dakar-Fann
senharmattan@gmail.com

L'Harmattan Cameroun
TSINGA/FECAFOOT
BP 11486 Yaoundé
inkoukam@gmail.com

L'Harmattan Burkina Faso
Achille Somé – tengnule@hotmail.fr

L'Harmattan Guinée
Almamya, rue KA 028 OKB Agency
BP 3470 Conakry
harmattanguinee@yahoo.fr

L'Harmattan RDC
185, avenue Nyangwe
Commune de Lingwala – Kinshasa
matangilamusadila@yahoo.fr

L'Harmattan Congo
67, boulevard Denis-Sassou-N'Guesso
BP 2874 Brazzaville
harmattan.congo@yahoo.fr

L'Harmattan Mali
Sirakoro-Meguetana V31
Bamako
syllaka@yahoo.fr

L'Harmattan Togo
Djidjole – Lomé
Maison Amela
face EPP BATOME
ddamela@aol.com

L'Harmattan Côte d'Ivoire
Résidence Karl – Cité des Arts
Abidjan-Cocody
03 BP 1588 Abidjan
espace_harmattan.ci@hotmail.fr

L'Harmattan Algérie
22, rue Moulay-Mohamed
31000 Oran
info2@harmattan-algerie.com

L'Harmattan Maroc
5, rue Ferrane-Kouicha, Talaâ-Elkbira
Chrableyine, Fès-Médine
30000 Fès
harmattan.maroc@gmail.com

Nos librairies en France

Librairie internationale
16, rue des Écoles – 75005 Paris
librairie.internationale@harmattan.fr
01 40 46 79 11
www.librairieharmattan.com

Librairie l'Espace Harmattan
21 bis, rue des Écoles – 75005 Paris
librairie.espace@harmattan.fr
01 43 29 49 42

Lib. sciences humaines & histoire
21, rue des Écoles – 75005 Paris
librairie.sh@harmattan.fr
01 46 34 13 71
www.librairieharmattansh.com

Lib. Méditerranée & Moyen-Orient
7, rue des Carmes – 75005 Paris
librairie.mediterranee@harmattan.fr
01 43 29 71 15

Librairie Le Lucernaire
53, rue Notre-Dame-des-Champs – 75006 Paris
librairie@lucernaire.fr
01 42 22 67 13

www.ingramcontent.com/pod-product-compliance
Lightning Source LLC
LaVergne TN
LVHW011008061026
849535LV00006B/1772